# 祈りで病気が治る

影山教俊 著

国書刊行会

# はじめに

かつては日本にも、「病気になったら寺社に詣でて祈禱《きとう》を受ける」という時代がありました。明治7年6月に「医療・服薬を妨害する禁厭（まじない）・祈禱（おはらい）の取締」の法令が発せられるまで、寺社で実施されていた加持《かじ》祈禱から、坐禅《ざぜん》や念仏《ねんぶつ》、読経《どきょう》や唱題《しょうだい》にいたるまで、およそ仏道修行のすべては、和漢方・鍼《はり》・灸《きゅう》・按摩《あんま》と共に養生医療《ようじょういりょう》の一分野として扱われていたのです。

それまでの庶民は病気になったら寺社に詣でて祈禱を受け、お札や護符《ごふ》（まじないの秘薬）をいただくなど、信仰と医療とは共に支えあいながら機能していました。その時代には「医者が捨てたら坊主が拾う」という言葉すら生きていました。たとえ医療としては不治の病であったとしても、僧侶たちが病者を宗教的な感性で支える全人的な医療が行なわれていたのです。現代人の目にはなんとも迷信的に感じられるのは否めませんが、実際にはこれこそが信仰による癒しで、全人的な医療だったのです。

明治新政府が採用した西洋の治療医学は、医師の資格をもつ専門家の治療集団によって実施され、病気の治療のみを目的とするように組織されていました。そこでは、それまでの多元的な養生医療は迷信として否定されたために、不治の病に冒された弱者を癒す手立てが失われ、医療の視座が不治の病人から治療可能な生者へと移ってしまいました。現代医療の現場で、ターミナル・ケアを専門に行なうホスピス（Hospice）の整備が急がれる由縁はこんなところにあるのです。

これは日本的な受容ですが、欧米諸国では信仰と医療は分離されることがありませんでした。そのため現在でも、病院にはチャプレンと呼ばれるキリスト教聖職者（牧師、神父、司祭など）が常住しております。

本書は、わが国で信仰と医療が分離される以前、祈禱寺院において僧侶が指導していた**祈りによる病気治しの方法**です。その指導の中核をなすのは仏教のカルマ（業《ごう》）論で、人の考え方や感じ方、さらに人の行動を左右する情緒のあり方をどうコントロールするか、その具体的な修行法について解説しています。

第1章では「悩みごと相談の窓から」として、実際に悩みごと相談室へと相談に来られた方々の、ギャンブルの問題から家庭争議、さらには幼児虐待や拒食症などの実例を紹介し、第2章では「祈りのもつ癒す力」として、祈りによる魂の成長、言葉のもつ癒しの力などについて解説し、第3章では本書のテーマとなっている「祈りで病気が治る」として、病気の原因とその治し方などを、イラストを添えて具体的に示します。

いま、日本ではヨーガや気功、ヴィパッサナー瞑想がブームになっていますが、日本仏教の伝統には禅や念仏ばかりではなく、回峰行《かいほうぎょう》から読経・唱題行まで、じつにたくさんの修行法が伝えられています。しかし、先に見たように信仰と医療の分離という明治以来の国策によって、日本仏教に伝わる修行による癒しは迷信として退けられ、欧米経由の輸入物の修行法がもてはやされているように思われます。

本書では、日蓮宗《にちれんしゅう》に伝承されている読誦・唱題行という信行《しんぎょう》のあり方を解説します。そのため「南無妙法蓮華経のお題目を唱える」とか、「久遠《くおん》の生命《いのち》」とか、「日蓮聖人《にちれんしょうにん》」といったフレーズを、随所で使っています。ですが内容としては、**宗派を超えて広く皆さまに**

理解できるように、悩んでいる方々の感情面の対処の仕方や、実習上の作法や呼吸法など、技術的なことを中心に解説しています。

本書が皆さまのお役に立ち、それが端緒となって、伝統的な日本仏教の修行法が見直され、正しく評価されることを願っております。

平成22年2月吉日

# 祈りで病気が治る◎目次

## 祈りのもつ癒す力

## 仏典に見る家庭内暴力 141

# 祈りで病気が治る

## 病気の原因とその治し方　150



## 病気を治す3つの訓練　156

# 悩みごと相談の窓から

## ギャンブルに走る夫(婿)

### 家庭に居場所のない夫

なにかの問題で苦しんでいる人が、どんなにぐうたらでダメなやつに見えたとしても、当の本人はとっても苦しんでいて、本当はどうしていいのか途方に暮れている場合がほとんどです。ある奥さんの

「私の夫は働きが悪く、そのうえギャンブル好きで1000万円近い借金をつくり、私が働いて貯蓄したお金もその借金の返済に消え、まだ数百万残っています。私は離婚を考えているのですが……」

との訴えです。この話をこのまま鵜呑《うの》みにすれば、夫はまったく悪の権化《ごんげ》で一方的に悪く、いますぐ離婚ものです。しかし、家庭生活は夫婦・親子などなど、一族みんなによっ

5
5
2-4

てくりひろげられるさまざまな営みですから、一人だけ悪いということはないのです。とくに夫婦の関係は、おたがいが母子・父子関係の再現をどこかで求めているのですから、おたがいに甘えながらの深い依存関係にあります。

ですから、その力関係のどちらかが強すぎると、相互の依存関係が崩れ、片方はその存在が否定されるわけですから、当然、そこに問題が発生します。

具体的にいいますと、この場合、奥さんは婿《むこ》取りで、なかなか養子が見つからず晩婚でした。奥さん自身、公務員としての経歴も長く、結婚当初から夫の収入を当てにしなくともいい状態でした。くわえて家庭は姑・小姑を含め母系家族で、婿である夫には居る場所がないという状態でした。

経済面で当てにされず、母系家族であるうえに、第一子が生まれてからは、家庭の関心事が全面的に子ども中心になって、夫はその存在理由を見失うことになります。

そのため、家庭に居場所のなくなった夫はギャンブルへと走り、別の居場所を求めはじめます。そこに妻が「働かなくていいからギャンブルだけはやめて!」とつっつきますから、悪循環がはじまり、おきまりの破滅コースをたどります。

家族も、一族も、それ自体が1つの生き物ですから、どこかの具合が悪いと全体にひびきます。「あそこが悪い」と責めてみても、責める本人も具合が悪いのです。ならば具合の一番悪いところを休ませて、回復するまで養生《ようじょう》させることが必要です。そうして一番悪いところが楽になれば、当の本人も楽になるのです。ところが、このことがなかなかわからない。かならず「夫が一番悪い、私たちは被害者だ！」と言います。ですから、ここで祈りが求められるのです。具体的に指導の内容をお話ししていくことにいたしましょう。

## 一族のカルマ（業）を浄化する祈り

まず、祈ることによって夫の痛みを認められる心を養います。声を出してお経を読み、お題目をゆったりと唱えて、あるいはお仏壇やご神前にひれ伏し、ご神仏さまに「一族のカルマ（業）が浄化しますように」とお祈りするのです。

この種の問題が起きているとき、心の苦痛はすでに身体の緊張となって、もうなにも受け入れられなくなっていますから、真剣に祈ることで一族を拘束している緊張のカルマ

（業）を浄化し、一族を緊張から解き放つことが必要です。真剣に祈ることで「無心」が獲得できるからです。

しかしながら、このように「夫が悪い！」とやっているタイプは、なかなかご神仏さまに祈れないのです。かわいそうなのですが、祈りがつづかないのです。

そんなときには、お祈りをするかたわら、ご祈禱《きとう》をいただき、自分自身に息づいている一族のカルマ（業）を浄化するのです。自分自身の祈りで「無心」が獲得できなければ、ご祈禱によって獲得すればいいのです。そして、夫を受け入れる心を養っていくのです。

すると不思議なことに、夫にたいする嫌悪感が薄らいでくることに気がつくはずです。自分の緊張が解き放たれたとき、夫の心も不安な思いから救われて楽になり、夫婦関係が改善されるからです。ですから、まずご神仏さまにお祈りをし、祈れないときにはご祈禱をいただくことです。

## 前生のカルマ（業）を浄化する祈り

ところが、夫を認める心が養われはじめると、別のジレンマが生じてきます。この場合は一族のカルマ（業）が主体となりますから、夫婦関係が改善されても、全体がいまひとつしっくりいかずに、お祖母さんあたりが「うちは婿にはずれて先祖の財産である田畑がなくなった」などと波風を起こしはじめ、あちらが治まるとこちらが……という具合にうまくいかないものです。

このような場合、前世のカルマ（業）が動いているのです。一概にはいえませんが、夫の一族と妻の一族が前世で敵対関係にあって、そのカルマ（業）が浄化されていない場合、妻の一族が滅ぶように夫のカルマ（業）が動いたり、あるいは夫のカルマ（業）が浄化されはじめると、夫がカルマ（業）を結ぶように妻の一族が働きかけたりするものなのです。

当事者たちにとっては、なぜ自分たちがこんなに争わなければならないのか、まったくわからないのです。ただ、そういう感情的な衝動によって、ついやってしまうのです。

ここで大切なことは、前世のカルマ（業）、一族どうしの敵対したカルマ（業）を浄化するには、個人の祈りだけではなく、一族みんなが、その敵対した一族どうしの名前をお呼びし懺悔《さんげ》しながら、ご神仏さまに向かい、「一族の敵対したカルマ（業）が浄化されて、みんなが幸せになれますように」と、真剣にお祈りすることです。

前世のカルマ（業）であっても、そのエネルギーは有限ですから、かならずなくなります。エネルギーが消費されてカラになってしまえばそれで終わりなのですから、一族の前世からのカルマ（業）が沸き上がってきても、個人的な祈りを捨てて「一族のカルマ（業）が浄化されますように」と、みんなの幸福を祈る大きな祈りを実践することです。

ご神仏さまに届く祈りとは、小さな自分を捨てて、みんなのために祈ること、みんなの幸福を願いお題目を朗々と唱えること、個人を超えた大きなお祈りをすることなのです。

個人を超えた祈りなればこそ、認めがたい自分の、否、前世のカルマ（業）に踊らされた自分たちを認めることができるようになるのです。

祈りというと個人的な祈りのみを考える方がほとんどですが、自分のための祈りは自己保存の祈り、利己の祈りです。個人の祈りだけでは魂の成長もなく、カルマ（業）の浄化もないことを知っていただきたいものです。

いまこのご夫婦は、前世のカルマ（業）を浄化するため、朝夕ご夫婦そろって真剣に浄業の祈りを実践していることでしょう。

# 結婚できない息子

## 不健康ということ

私たちの心の健康、身体の健康の源は、じつはお母さんの温かいお乳や胸の気持ちよい快感をたくさん味わったか否かにあります。

つまり、心の問題であっても、身体の問題であっても、不健康な自分を発見したときには、ご神仏さまに真剣にお祈りし、その祈りの中でお母さんの温かいお乳や胸の気持ちよさを追体験すると、身も心も清まって健康が回復するのです。

このような心や身体の問題を考える場合、現実の問題として身体の不健康は、病気という形でその人の身の上に現われますのですぐに気づきます。そして、その人の生活ぶりを見てみますと、その病気の原因がおおよそわかるものです。

たとえば、糖尿病という病気は、俗に糖分の取りすぎ、美食家の病気などといわれていますが、実際には職場などにおける勝つか負けるかの緊張がストレスとなって生じる厄介な病気です。人は緊張すると闘争的な感情が働き、血糖値が高くなります。するとすい臓からインシュリンというホルモンが分泌され、血糖を内臓脂肪に変えることで血糖値を下げます。このストレスと血糖値の悪循環がくりかえされると、すい臓の働きが弱まり、インシュリンの分泌が悪くなります。これが糖尿病で、その人の性格が大きく関与することが、現代医学でわかっています。

ですから、その病気については、この事実を本人に指摘すれば納得してもらうこともでき、病気という自覚もありますから、解決の道もおのずと見つかります。

## 心の不健康

しかしながら、心の不健康による問題となるとなかなか気づかずに、結果的に手遅れになってしまう場合が多く見受けられます。ここに1つの事例をあげてお話しします。

近ごろは結婚年齢が高くなり、社会的な事実として結婚しない人が増えていることが報じられて久しくなります。実際、私の相談所へ息子には内緒でコッソリと縁談の相談で見えられる方が多くあります。

母曰く「とってもいい息子なのですが、おとなしすぎてなかなか縁談がまとまらないのです。……なにか霊の障《さわ》りでもあるのでしょうか?」などという場合がほとんどで、また、このような問題がなかなか厄介なのです。

そんなとき、私は冗談を交えて(本心なのですが)「霊が障っているのではなく、お母さん、あなたが障っているのですよ」と申しあげることがあります。

ところで、なぜ厄介かといいますと、

さきほどの身体の不健康は、病気として自分の身に降りかかってきますからすぐに気がつくのですが、心の不健康が原因であるものはなかなか自覚できないからなのです。

どういうことかといいますと、「結婚しない息子さん」は、これは言葉を換えていうと「結婚できない息子さん」といったほうが正解なのです。そして、このなにかが「心の不健康」というなのですが、一個の人格として立派に成長し、世間並み以上に仕事をして経済的にも自立し社会的にも認められているのですから、この「心の不健康」に無自覚なのも当然で、だから厄介なのです。

そして、そのような息子さんをもつお母さんのお話をうかがっていると、この「息子さんの心の不健康」の原因は、ほとんどそのお母さんご自身にあることに気づきます。

この息子さんがまだ結婚できないということは、お母さんから離れられないということで、お母さんがまだ「息子さんの臍《へそ》の緒《お》」を握っている状態なのです。とっても大切な跡取りで、大事に大事に育てられてきた息子さん、お母さんの「強すぎる母性におぼれている」息子さんなのです。

つまり、立派に成人してはいるが、まだお母さんの胎内にいる状態と同じなのです。そして、つねにお母さんに認めてもらえるように、お母さんの視線を意識しながら自ら無意識にポーズをつくって、強すぎる母性に応えている息子さんの姿が、そこにはあるのです。

その生活ぶりは、お母さんにしても、当の結婚できない息子さんにしても、無意識にそのような「心の不健康」を抱えながら生活しているのですから、さらに厄介なのです。

相談にみえられたとしても、そのことに気づいていないのですから、このようにお話ししますと、「そんなことは大きなお世話です。結婚しない息子が問題なのです」と大反発をくらい、うとまれてしまうのが現実です。赤という色を知らない人に赤色を教えるようなもので、見たことのない「心の不健康」という色を教えるようなものですから、そうなってしまうのも当然なのでしょう。

けれども、このお母さんの息子さんが結婚できるようにするには、「心の不健康」という色を自覚することが必要なのです。

## 不健康を清める祈りと祈禱

このような場合、私はとにかくこのカルマ（業）に気づいていただくために、ご神仏さまに向かって真剣に祈るという、この世的な祈りをまず先に指導します。お母さんが真剣に祈ることで、お母さんの息子を支配して離さない「強すぎる母性」を浄化し、ご自身の心の不健康に気づいていただくのです。

多くの場合、このようなお母さんの「母性による強すぎる支配欲」は、息子さんばかりではなく、ご主人をも、また兄弟や子どもたちをも飲み込み、生活のすべてを飲み込んでいますから、どこかに破綻が起きているものです。

たとえば、ご本人のお母さん自身はとっても立派なのですが、ご主人に浮気癖があったり、酒乱癖があったり、遊び癖があったり、また嫁いだ娘さんの家庭運が悪かったり、お孫さんが登校拒否をするなど、さまざまなところに破綻が現われています。

じつをいいますと、このお母さんの場合は、夫の浮気癖と、嫁いだ娘さんの夫の酒乱癖という形で現われており、そのことを指摘しますと、私が超感覚的な力でご本人に憑《つ》いている霊の障りを見ているかのように驚かれますが、私はその人の心の不健康という心性を見ているにすぎません。

そのようなお母さんに「浄業《じょうごう》の祈り」を指導し、真剣にご神仏さまの救いを求めはじめますと、不思議なことに徐々にお母さんの自分自身にたいするかたくなな思いである「母性の強すぎる支配欲」、いままで「そんなことは大きなお世話です。結婚しない息子が問題なのです」と言ったその業が浄化されはじめて、あるときフッ！　とその事実に気づきます。こうなると解決の糸口が見えたので後は早いのですが、何回か相談室で指導するうちに、こういうお母さんは大切な息子のことであっても、意外に真剣に祈りをしないことに気づきます。

ですからこの場合、祈りを指導しつつ浄業の祈禱を平行して行ない、週1回のご祈禱を4回ほどつづけますと、意外に早く自分の色、自分の中に息づく「母性の強すぎる支配欲」に気づきはじめます。息子や家族にたいする自分の仕打ちを意識することで、家庭全体の雰囲気が大きく変化し、息子ばかりか夫や娘の家庭までも円満にまとまっていくものです。

# 孫のアトピー性皮膚炎

## 相談する人の心の癖

私のお寺では「悩みごと相談室」を開設していますが、私も多くの仕事を引き受けていて時間に追われているものですから、面談は事前に電話で予約していただくようにしています。

ところで、このような面談予約の電話でも、悩みごとを抱える方々の心の問題といいますか、その人たち特有の心の癖に気づかされるものです。

私自身はできるだけ多くの方のご相談に応えたいと思っているものの、忙しい身なものですから、週のうち2日ほど時間をつくるのが精一杯です。そんなとき、「この日以外は都合がつきません」という方がおられて、どうしても譲らないことが往々にしてあります。

そういう場合、私は「しかたがありませんね。どこかであなたの都合に合わせられる方をお探しください」と、丁重にお断りすることにしています。

こういう人たちは、こちらが時間をつくって面談をしたとしても、けっして良い解決方法は見つからないものです。

なぜなら、その方々は、いまご自身が抱えている問題を、本当の意味では解決しようと思っていないからなのです。いま抱えている問題で苦しんでいて、本当に解決したいと思っているのなら、自分の都合を捨ててでも面談に来るはずなのです。

この時点で、私にはこういう人たちの心の問題、心の癖がよくわかります。相談の内容も、自分の都合が先になっているのと同じで、自分が中心で自分を通そうとする「我執や利己心」に問題があるのです。

このような自分の都合ということを踏まえて、家族どうしのかかわり方が、孫の怪我やアトピー性皮膚炎《ひふえん》などの心のあり方が強く影響する病気を招いている、ある方の相談についてお話ししたいと思います。

## 人形と孫の顔にアザ

数年前に一度面談に見えられた方ですが、ご本人がもう30年ほど大切にしていた人形の顔にアザができ、そのアザと同じところに跡取りのお孫さんの顔にもアザができたので、「なにかの霊が障っているのでは?」と言うのです。

そのアザのできたお孫さんはご長男の第一子で、写真を見せてくれましたが、アトピー性のアレルギーが強く病院に通っており、先だっては風邪から高熱が出て口などの粘膜が腫れ、川崎病の疑いで1週間ほど入院したといいます。

人形のアザと孫のアトピー性皮膚炎とを関連づけて、おばあさんとしては「なんとかならないものか」と悩んだすえ相談に見えられたわけで、そこには孫を気遣う優しさがあります。

ところが、話を進めていくと家庭的な問題が出てきました。長男の嫁は、息子より5、6才ほど年長で、両親の大反対を押し切って同棲し結婚、そして出産という形で、現在は親とは別居しているというのです。

「嫁の実家は女の姉妹ばかりで、うちの長男をねらっており、実際に向こうの家とのつきあいはしていないし、するつもりもさらさらない」と言い切ります。

しかし、ここでよく考えてみますと、男性がお嫁さんを選ぶとき、その基準は「母親の姿」にありますから、息子を振り回して親をないがしろにする嫁の姿は、じつは息子を振り回してきた「母親の姿」そのものでもあるのです。

私がこのように言いますと、少し心外な顔をしながら、「いまは次男がまだ結婚していませんが、次男が良い嫁さんをもらったら家を継いでもらい、長男は向こう様に婿として出すつもりです」と言うのです。

このお母さんの場合、自己主張が強く、自分が中心で自分を通そうとする、自分にいつもこだわってしまう「我執」に問題があるのです。

家庭でも夫の立場を押さえてしまったために、家庭内で超えるべき父の姿を見失った息子たちは一様におとなしく、母のように強い女性、しっかりとした女性を求めてしまうのです。

この意味を踏まえて、「ご長男夫婦がお母さんの意にかなわないから、次男に期待をかける気持ちはわかりますが、兄弟は同じ根っ子から養分を吸って成長したのです。お兄さんが枯れてしまえば、弟さんも枯れないとはかぎりませんね」と申しあげてから指導を始めました。

お孫さんのアトピー性のアレルギーは、とくにこの場合は、母親にしっかり抱きしめてもらいたい、優しく扱ってもらいたいという欲求の現われですから、嫁と姑のいさかいによって、母親の心が不安定になったためにその影響が孫に出てしまったのです。もしお姑さんが「良い嫁にあたったおかげでかわいい孫が生まれた」と誉めてあげれば、母親は元気になり、孫も健康になるのです。

人は人との関わりあいで良くもなれば悪くもなり、大切なことは事の善悪ではなく、「いまの現実をどのように認めるか」ということなのです。

## 我執を浄化する祈り

この家の場合、お孫さんの状態、アトピー性のアレルギーは、古い人形に障っている霊に責任を押しつけるのではなく、まず率直に親子の不和が要因であると認め、すでに家庭や一族のカルマ（業）となっている「我執」を浄化する祈りが必要です。とくにこの姑さんが抱え込んでいる、すべて自分が中心で我を通そうとする「我執」というカルマ（業）を、ご本人が浄化する祈りを実践することが大切です。人は人との関わりあいしだいですから、母が良く変われば息子も良くなり、家族全体、一族全体が良くなるのです。

ただ姑がかたくなになっていて、なかなか「浄業の祈り」（ご神仏さまに「一族の業が清まって、みんなが幸せになりますように、みんなの魂が成長しますように」と自分を離れた大きなお祈りをすること）が実践できないようでしたので、ご祈禱を行ないながら、お祈りの実践を指導しました。そして、この現実的な祈り、この世的な祈りによって「家庭の和楽」が現実のものとなりはじめたところで、つぎに霊的な祈りを指導します。

さらに、霊断法によってご神託してみますと、この家で起きた親子の不和は、姑の実家の母方、つまり、お姑さんの実の祖母の家系に代々女系の争いが絶えず、その思いのエネルギーがまだ清まっていないことがわかりました。

実際にお姑さんの実家方では、跡継ぎの娘さんが適齢期を過ぎても結婚できず、後継者のいない家が多く見受けられました。

これから数年にわたって、この一族全体が浄業の祈りを真剣に実践することで、先祖の業、その思いが清まり、家庭の和、一族の和が実現すると、私は信じています。

# 幼児虐待する母親

## くりかえされる母子関係

親子というものは、よく似ているものです。しかし不思議なことに、親の良い性格よりは、とっても嫌なところが似てくるものです。

近ごろは母性神話が崩れ、「子どもの愛し方のわからない母親」がクローズアップされる時代で、子どもの愛し方どころではなく「わが子を折檻死《せっかんし》させる母親」が報道され、実際に「子どもの虐待防止センター」には絶え間のないほど電話がかかっているそうです。

そして、幼児虐待を防止するために精神科のカウンセラーがその実体を調べはじめてわかったことは、「幼児虐待してしまう母親」は自身も母や父から暴力をふるわれながら育った被害者であり、幼年時代に「けっしてあんな酷《ひど》い父や母にはなるまい」と心に誓って生きてきた子どもたちであったというのです。

しかしながら現実は、そういう彼ら自身が加害者となって、親の因果がこんなところまで追いかけて来ているのです。そして、これはけっして他人事ではなく、みなさんの身近なところにも息をひそめて隠れているのです。

私の知り合いの話ですが、この事例は子どもへの肉体的な暴力ではなく「母親の精神的な暴力」とでもいいましょうか、母親にまったく依存する子どもにたいして「母性を武器にしたイジメ」といっても過言ではないものがあります。

私の知人A子さんの母は、彼女が5才、彼女の弟が3才に満たないとき、ご亭主が派手な交遊やギャンブルのために借金を残して蒸発し離婚している。

それ以来、母親はスーパーマーケットのレジやお惣菜の賄いなどのパートの仕事を懸命にこなしながら、ある資格を取り堅い職場に就職し、いまも現役である。そして、彼女の弟が30才になる現在まで独身を通している。……

このようにお話ししますと、子どもたちも親元を離れ、現在は独身生活を優雅に過ごしているという、なんとも非のうちどころない立派な母親像が浮かんできます。

しかし、事実はまったく逆です。大事に育てたはずの息子は離婚したぐうたら亭主にそっくりで、つきあっている女性を当てにしたヒモのような生活をつづけ、職を転々として長続きしない。つづいたかと思えば詐欺まがいの仕事でその気になり、結果として母の優雅なはずの生活はダメ息子の借金返済にあてられ、あげくのはてに嫁いだ娘A子さんには「弟をそんなにしたのはお母さんがいけない！　子どものころから私に我慢を強いて、弟だけを甘やかしたお母さんがいけない！」とやられる始末です。

この事実で立つ瀬のない母親が浮き彫りになりますが、この種の問題は善悪、是非のやり取りでは解決できないということがわかると思います。

ここで、まずお母さんの持っているこの世的なカルマ（業）からお話ししますと、離婚後は立派な母親像を自身の生きる糧にして、A子さんには「お母さんはあなたたちのために一生懸命に働いているんですから、尊敬しなさい。お母さんはあなたたちより、もっと大変でつらいんですからね！」などと言いながら、じつは母親自身が求めたけれど与えられなかったお母さん（A子さんの祖母）の愛、裏返せばその母性への憎しみを娘にぶつけているという「お母さんの寂しい生い立ち」が理解できます。弟には「蒸発したぐうたら亭主のようになったらダメ、お母さんがなんでもしてあげる」などと言いながら、蒸発した亭主の姿をわが息子の内に捜し求め、とどのつまり蒸発したぐうたら亭主のコピーを大切に育ててあげてしまったという衝撃的な事実が見えてきます。

そして不幸なことには、母親自身にはこの事実がけっして認められない、認めたくないという現実があります。いくら責めても母親には通じない、それどころかこの事実を無理に認めさせたなら、人格が壊れるほどの苦しみを味わうことになるでしょう。

## 一人の祈りが一族を浄める

では、どのようにこのカルマ（業）を解いていったらよいのでしょうか。まずは考え方です。A子さんの一族全体を一つの生命、その生命が病んでいると考え、「母が気づけば」「弟が気づけば」と、責任を個々に求めないことが大切です。

とくにこの場合は、A子さんが「自分の生命は一族全体を象徴している。祖父や祖母の生命も共に息づいている」と信じて、その自分自身に息づいている一族のカルマ（業）を浄化する祈りを実践することです。

声を出してお経を読み、お題目をゆったりと唱えて、あるいはお仏壇やご神前にひれ伏し、ご神仏さまに「私たち一族のカルマ（業）が浄化され、母も弟もみんなが幸せになりますように！」と、小さな自分を守る利己心を捨てた大きなお祈りをすることです。

このように一族のカルマ（業）が原因で問題が起きているとき、問題にかかわっている縁者たちは一様に、心の緊張ばかりではなく、すでに身体の緊張として現われはじめ半病人となっている場合がほとんどです。まわりの意見なども何も受け入れられなくなっていますから、真剣に祈ることで一族を拘束している緊張のカルマ（業）を浄化して、一族の緊張を解放することが求められるのです。

しかしながらこの場合、母親や弟どころか、A子さん自身もじつは「お母さんから与えられなかった母性への憎しみ」を実の母親にぶつけているのですから、なかなかご神仏さまに祈れないのです。かわいそうなのですが、なかなか祈りがつづかないのです。

そんなときには、お祈りをするかたわら、ご祈禱をいただき、自分自身に息づいている一族のカルマ（業）を浄化する方法をとります。そして、母を受け入れる心を養いながら、一族のカルマ（業）を浄化していくのです。

## 霊断法によって一族のカルマ（業）の所在を知る

このような「浄業の祈り」を実践したとしても、なんら改善の見られない場合がありま す。これは一族のカルマ（業）の根が深いということで、場合によっては来世まで持ち越して苦しまなければならないこともあります。

一概にはいえませんが、このような場合、手間も暇もかかりますが、霊断法による指導を受け、自らがしっかりと自分自身の行ないを省みて一族のカルマ（業）の所在をはっきりと知ることも、前世のカルマ（業）を浄化する祈りにつながります。

私たち日本人は農耕民族で割合に血縁関係が強いため、一族どうしの間に転生する場合がほとんどですから、今生の問題に前世での一族の争いがカルマ（業）となっていることが少なくないのです。

A子さんたちの場合、どうやら母方の祖母の両親の出生にかかわるカルマ（業）が動いており、そのカルマ（業）の所在と関わりを具体的に知ることが、現在苦しんでいる彼女たち一人ひとりの魂が成長する力となり、そのカルマ（業）を浄めていくことになるのです。

いま、「これが汚い、これはきれいだ」と言っても、一族という大きな立場で見れば同じ根のもので、それぞれに大切なものです。だからそれを認めたうえで、成長できるように「ご神仏さまにお祈り」して支えていただけばよいのです。

「いま在る」ということ、「生命が与えられている」ということが、どんなに不思議なことか、大切なことか――。

ダメなやつだけれど、その人がいるだけで家が栄える場合もあり、一生懸命に働くのだけれど、その人が家に居るだけで衰微する場合もあります。

きっとご神仏さまの世界という大きなところから見ると、その苦しみがその人たちに必要だから問題が起こっているのであって、必要のないものは何もないのです。

ですから、良いことは良いことで大切にして、悪いことは悪いことでもっと大事にすると、そういうカルマ（業）が浄化されていくのです。

大切にするということは、それを認めたうえで、みんなの魂が共に成長できるように「ご神仏さまにお祈り」して支えていただくことなのです。ぜひ、このお祈りをつづけていただきたいものです。

世間の道理から理解すれば、A子さんのお母さんは、母本人の立場から見れば立派な母親であり、「ぐうたら亭主、ダメな息子、親の恩を仇《あだ》で返す娘A子」ですが、ぐうたら亭主にとっては「私を蒸発に追い込んだ恐妻」であり、子どもたちは「母性を盾《たて》に『母は立派である』と信じさせられた娘」であり、蒸発した父親を拒みながらも「父親のように育てられた息子」であって、そうすると誰もが被害者であり、加害者でもあることになります。

世間の道理を盾に理屈を言う人が多いですが、信仰の世界に踏み込まないかぎり、本当の救いはないのです。

## ノイローゼの主婦（不登校の子どもたち）

### 不幸になってしまう人びと

このところ多くの方々と面談をし、たてつづけにご祈禱をしていて、「どうしてこんなに不幸になってしまうのだろうか？」と思うことがあります。

その方々は、自ら好んで不幸な道を歩いているように見えます。つまり、「いまの自分の姿」が見えていないのです。だから、自分の思ったとおりの歩き方をして大きな壁に突き当たってしまい、あげくのはてに「壁を置いたやつが悪い！」などと怒鳴っているように見えます。

主婦Bさん（42才）は、職場の人間関係のもつれからノイローゼになり、通院治療によって一時は回復するのですが再発をくりかえし、「なにかが障《さわ》っているのではないか」ということで面談に見えられました。

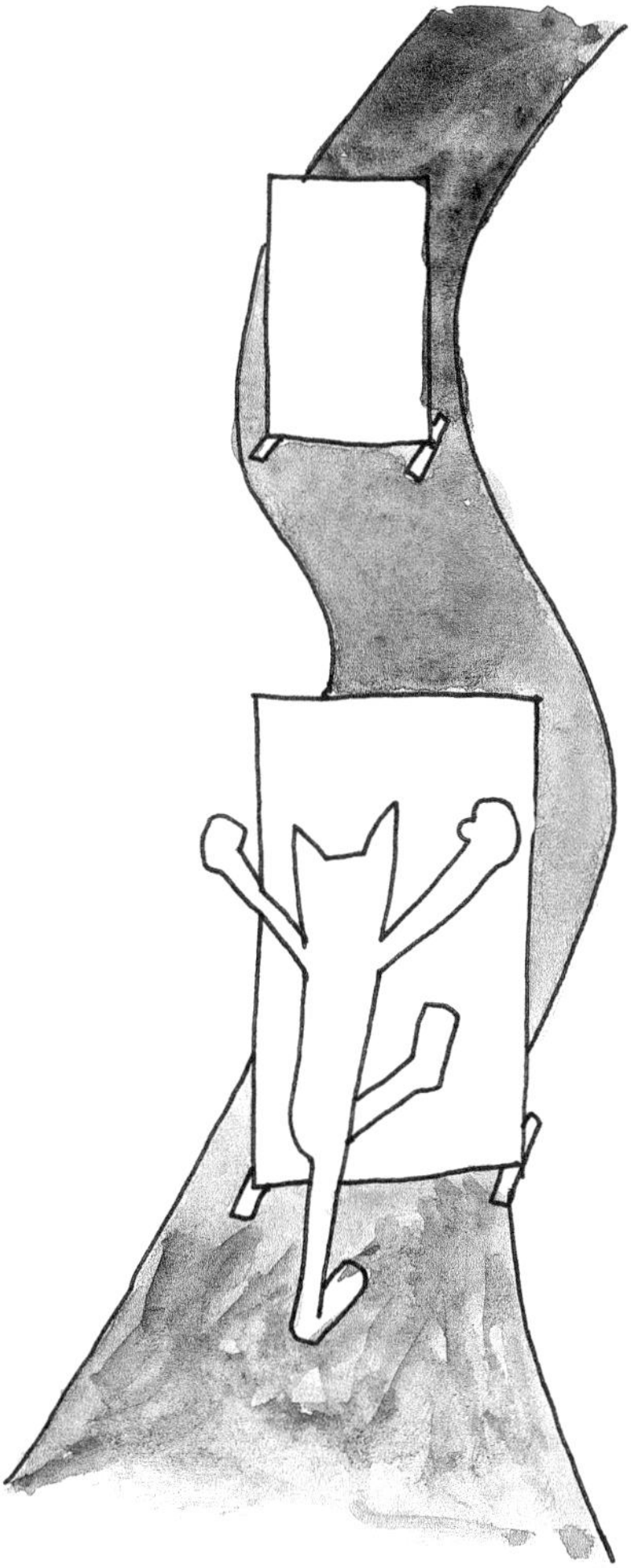

お話をうかがいますと、職場でのこと、家庭内のこと、地域での近所づきあいのことなど、いろいろな問題について筋道をたて、まことに理路整然と話してくれるのでした。とどのつまり、「私は人の悪口など一言もいったことはないのに、世渡り上手な口のうまい人が私のことを悪く言うのです」と、自分が被害者であることを強調します。

もう少し彼女の家庭環境についてお話しすると、問題が見えてきます。

彼女にはお兄さんがおりましたが、結婚後お姑さんとお嫁さんの折り合いが悪いということで、結局、彼女がお婿さんを迎えて家を継ぐことになり、3代にわたって女系がつづくことになりました。

しかし、彼女が家を継いだにもかかわらず、夫は姑である母との折り合いが悪く、同居していながらも別居同然の生活がつづいています。

そして自分の家族においても、登校拒否をつづけていた2人の娘は母のBさんには懐かず、Bさんが早世した優しいお父さんに懐いていたように、うだつの上がらないぐうたら亭主を慕って、いまは就職して地元を離れていながらも、お父さんとは連絡を取りあっているといいます。

ここまで家庭の状況を見ていくと、Bさんの不幸の原因が、この世的な意味でわかってきます。つまり、彼女の「私は被害者です」という主張は、彼女自身にとって本当なのでしょうが、そういう彼女のものの感じ方に原因のあることがわかるのです。

これでは、日常生活の中で受け入れてもらえるはずがありません。私には、登校拒否をつづける子どもたちが口をそろえて「学校でイジメの被害者だ」と言うのとまったく同じに思えます。

実際、彼女の子どもたちが登校拒否になったことも、彼女が母と折り合いが悪いことも、彼女が人間関係のもつれからノイローゼになってしまうのも、原因は同じ根っ子なのです。

## 人に馴染めないのは不安が原因

不登校の子どもたちがなぜ学校でイジメにあうかといいますと、その子どもたちが学校の仲間に馴染《なじ》めないからいじめられるのです。

普通の子どもたちは多少のごたごたがあるにせよ、ほかの仲間とうまくやっていけるのに、その子どもたちはどうして馴染めないのでしょうか？

それは、本人が仲間を受け入れられずに緊張しているからです。子どもたちは純粋で敏感です。それはある意味で残酷ですから、人にたいして緊張しオドオドしている者を敏感に発見してイジメを開始します。そして、緊張のあまり抵抗できないことがわかると、まるで猫が自分の獲物をオモチャにするように、徹底的な遊びが始まります。

では、どうして不登校の子どもたちは仲間を受け入れられずに緊張してしまうのでしょうか？　ここに重要なポイントがあります。

それは「人に不安を抱いている」からなのです。その子どもたちは、とくに母親に受け入れられずに育ってきたため、人に不安を抱き緊張してしまうのです。

もっと簡単にいいますと、オッパイをもらいたいときにお母さんの温かく柔らかな気持ちのよいオッパイをもらえない、眠いときに優しく添い寝してもらえない、オムツの気持ち悪いときにもなかなか気がついてもらえない……などなど、子どもの切実な欲求が受け入れられなかったために、母親という原風景、人の見本に不安を抱いて緊張してしまうのです。

もっともっと簡単にいいますと、お母さんに「あなたが主人公ですよ!」と扱われ、「お母さん、今日ね、学校でね……」と話しかけたとき、どんなに忙しくても「フーン、そんなことがあったの」と受け入れられ共感されて、健全なエールをたくさん送られて育った子どもには、不安や緊張が少ないということなのです。

子どものその無垢な心の中に、その安らいだ思い「ウン、そうですね!」がたくさん刻まれていれば、「仲間はすばらしい」と思い、不安や緊張を抱くことはないのです。

Bさんの2人の子どもは共に不登校でした。そして、なんとか卒業してからは、自立しても母親のBさんには懐かず、お父さんとは連絡を取りあっているといいます。

要するに、Bさんは2人の子どもに、子どものためという名のもとに「子どもたちを受け入れずに、母親を押しつけてきた」ということなのです。

そして子どもたちが巣立ったいま、「あれほど一生懸命育て上げた子どもたちは、親の恩を忘れて、この私をうとむなんて!」と、ここでも被害者意識で語っています。

ところで、ここで見逃してならないのは、Bさんのお姑さんです。彼女のお兄さんが結婚後お姑さんとお嫁さんの問題で別居、そのため彼女が家を継いだにもかかわらず、姑である母とは別居同然の生活がつづいているのですが、ここで見えてくるのは、Bさんとお母さんの関係は、まるでBさんと子どもたちの関係とまったく同じだということです。

つまり、Bさん自身もお母さんに受け入れられず、母親を押しつけられて育ってきたということです。親の因果は、かならず子どもへと伝わるのです。これが一族の抱えているカルマ（業）なのです。

Bさんの人間関係のもつれによるノイローゼ、治療によって回復するがくりかえすノイローゼの原因は、人間そのものへの不安感です。この世的な意味では、「お母さんに受け入れてもらえなかった」ことで人に緊張してしまうのです。

近ごろのお母さん方、自立した女性と呼ばれている方々は、子育てを割合、簡単に考えていますが、母の力は偉大で「ひとりの人間の心を決定する力がある」のです。

## 霊的な祈りの実践

ところで、このBさんの状態を解決するために、まずご祈禱を週1回、8週つづけて行ない、霊動現象によって抑圧を解消します。ご祈禱によって瞑想状態が誘導されると、心の無意識の扉が開いて、それまで隠されていた不都合な感情が身体の微妙な運動として、あるいは感情的な動揺として表出して解消されます。専門的には情動発散と呼ばれる心と身体の反応で、抑圧によって生じていた緊張が解消することで、この世的な祈りが実習できるようになります。すると呼吸をゆったりと調えられるようになり、心と身体がご神仏さまの力を受け入れられるようになるのです。そして、大きな祈り「ご神仏さまに心を開いて、一族の業が清まって、みんなが幸せになりますように！」と念ずることを指導いたしました。

2か月ほどで彼女の緊張はだいぶ解消し、楽になったようでした。しかし、これはこの世的な問題の一部が解決したにすぎません。霊断法によってご神託しますと、Bさんの一族が抱えているカルマ（業）の原因は、地元の網元をしていた4代前あたりの先祖が、お金で嫁をとるようなことをしたため、その相手方の思いがまだ解けていないようなのです。これからBさんは、前世のカルマ（業）を浄化するために、霊的な祈りを実践することでしょう。

## 借金をかさね職場を転々

### 家庭不和から破綻

日常生活をするうえで、土地のカルマ（業）からの影響を意識しながら生活している人は、まずないはずです。しかし実際は、私たちはずいぶんとその土地の影響を受け、自分のカルマ（業）をふくらませているものなのです。

具体的に、ある町に住むOさん（無職、60才）の事例についてお話ししてみましょう。

この方は40代はじめに経理部の課長待遇まで昇進したのですが、妻との折り合いが悪いなどの家庭不和が原因で、ついギャンブルにのめり込み、会社の金に手をつけてしまいました。本人は「一時借用したまでで、けっして使い込みではない」と言いながら、結果として依願退職するはめになり、「借用中」という会社の金を退職金で返済しました。

本人はその件について「上司も私が一時借用したことを知っていたが、そのことが発覚すると、全部私に責任をかぶせてしまった。まったく上司のGはけしからんやつだ！」

と、自分の立場も省みず、まわりの人に吹聴する始末です。

そうして半年ほどは奥さんの収入を当てにぷらぷらしていましたが、飲み屋で知りあったスナック経営者に「水商売はボロイ儲けになるから」という誘いを受け、その気になったのです。

奥さんは婿である彼の所業にたいし「使い込みで退職しただけでも、一族の顔に泥をぬったのだから、これ以上は勘弁して！」と説得を試みたのですが、「おれがギャンブルに手を出したのは、おまえがそういう態度で偉そうにするからだ」などと妻をなじり、結局は退職金の残りを頭金に借財をして、近くの駅前にスナックを開店しました。

しかし、自分は例の調子で学歴が邪魔をするのか、「まわりのやつらは先の見えない者ばかり……」などとうそぶくので、客がなかなか定着しませんでした。そこで、あわてて若いコンパニオンを数名雇い入れ、高級スナックのマスターを気取り、髭をたくわえたりして、傍目には経営も板につきうまくいっているように見えていました。

ところが、妻としっくりいかないうえに、娘が大学へと進学するようになって金銭的にも追われはじめると、家に戻らなくなり、そのうちに仕事半分でコンパニオンたちと別のスナックなどへ客を連れての外遊が始まり、お決まりのコースをたどって破綻をきたし、銀行からの借金だけが残ることになりました。

それでも「おれは本当に努力したが、時期も悪かった。妻の弟が入院したり、娘のことで金がかかったので、その穴埋めのために仕方なく店の権利を売った」などと、ここでも自己弁護に明け暮れています。

ここにいたって妻は、はずれた婿という一族の汚名を晴らすため、まず借金の返済を至上命令として夫と渡りあい、「私もいま以上に努めるから、あなたもしっかり努めて！」という約束を取りつけ、夫が仕事だけに専念できるよう生活全般を管理するのですが、Oさんは経理関係の仕事に就いては例の調子で帳簿に穴をあけ、職場を転々とするのでした。そして、その都度「おれは悪くない。やつらのやったことの尻ぬぐいで退職させられた」とうそぶいている始末です。

## 土地のカルマと浄業の祈り

私が霊断法によってご神託してみますと、まずこの世的な意味では、婿に入って問題を起こすOさんには、本人の母親からのカルマ（業）が大きくかかわっており、人に認めてもらいたいという強い衝動がいつもはたらいています。そのため、妻に立派な旦那様であると認められたくて、仕事でも家庭でもがんばるのですが、妻は父親を早く亡くして女性ばかりという母性の強い家庭に育ったため、また妻自身も自己実現能力に優れているために、婿である夫を軽くあしらう傾向が見られます。

そのため、彼は妻に受け入れてもらいたいという衝動に勢いがついて悪循環が生まれ、結果としてギャンブル、会社の金の使い込みへと走り、悪いカルマ（悪業）を積む結果となります。

人はそんなに強いものではありません。Oさんは、奥さんという母親に「よくがんばったわね。偉いわね！」と言ってもらいたいだけなのです。

ところで、ここでそれよりも問題なのは、地域性という土地のカルマです。地方社会の人間関係は、狭い地域の中で人の流入が少なかったため、波風の少ないことが美徳であり、それが処世術だったのでしょう。

Oさんは、一応は経理の学校で専門教育を受けているので、世間はそれなりに見ており、まして弁が立つものですから、彼の悪行にたいしても、誰も自分が直接矢面になることを避けていて、裏でこそこそ批判はするけれども、けっして表立って意見する者などありません。

ですから、彼が母親から受け継いだカルマは、このような地域社会のカルマによって、ますます増殖する結果を生み、彼が婿入りした一族のカルマをも引きずって自業自得という悪循環をくりかえすことになるのです。

このように、一見すると私たちとはなんのかかわりもないように思われがちな土地のカルマは、じつは私たちの日常生活に重大な影響を及ぼしているのです。

この一族の問題は、この世的な意味にとどまらず、夫と妻の前世でのかかわりあいという霊的な意味もあるのですが、まずこの世的な問題を解決するため、Oさんが自分の行動を省みられるように、奥さんが夫を優しく受け入れられるように、そして、地域社会の人たちが事の善悪、けじめがつけられるように、一人ひとりが「一族のカルマ、地域という土地のカルマが清まって、みんなが幸せになりますように！」と裾野の広い大きなお祈り、浄業の祈りをすることです。

## 家庭内暴力の青年

### 親の因果が子に報う

このところの新聞紙面には、「不景気」「失業」という文字に混じって、「登校拒否」「校内暴力」「イジメ」「親殺し」などという子どもたちの心の荒廃をものがたる記事が目立ちます。

実際、お寺の「悩みごと相談室」でも、その種の相談がとても多くなっています。そして、現実に相談を受けてみますと、子どもたちの心の荒廃の原因は、その親たちの心の荒廃にあることがわかります。まことに「親の因果が子に報う」「子は親の鏡」という諺《ことわざ》そのものです。

これは、お母さんに誉めてもらいたくて、あまりにも良い子になりすぎ、登校拒否もせず、不良になることもできずに勉強し、結果として名門大学を優秀な成績で卒業したものの、仕事はつづかずに30才を過ぎた現在、母親を追いかけ回して「殴る蹴《け》るの家庭内暴力」に快感を覚えている青年の話です。

具体的には、C子さん65才がお寺を訪ねて来られ、「この数年、子どもの行動が異常で、まるで精神病になったように、母の私に暴力をふるうので、なにか先祖の霊でも憑《つ》いているのではないか？　なんとかならないものだろうか」と言うのです。

息子のDくんのことを具体的にうかがいますと、Dくんは一人っ子で中学、高校と順調に進み、大学も就職試験もうまくいったのですが、入社3か月後の転勤をきっかけに生活のリズムが狂いはじめ、無断欠勤がつづき、不必要に家に帰ってくることが多くなり、そして結局は辞職してしまい、東京を引き払って実家に戻り家に籠もっているそうです。

そして、数年過ぎても仕事をせず、母親からお金をせびってはつまらないものに浪費しているといいます。C子さんは母親として、子どものことを案じたのでしょう。「昔はあんなに良い子だった、勉強もできたし、そんなあなたはどこへいってしまったの？　仕事をしてください。お母さんは世間に顔向けができないばかりか、とっても悲しくてしかたがない」などと、たしなめている様子でした。

すると、Dくんは「うるさい！　この婆あ！　おまえがこんなふうにしたんだ！」などと怒鳴りながら殴る蹴るになると、もういけません。勢いがついて収拾がつかなくなり、C子さんは逃げ出し、知人にかくまってもらう毎日がつづいているというのです。

## 子どもの安らぎは母の温もり

この話だけを額面どおりにうかがいますと、息子のDくんは、たしかに精神的に問題ですし、お母さんだけは、まことにもって良い母親像が浮かんできます。

しかし私の目には、Cさんも Dくんも共に被害者として映ります。実際にDくんの状態から見ていくと、現在のDくんが家から出られないということ、この現実がなにを象徴しているかといいますと、子どもにとって自分が育ってきた家は「母親の胎内」を象徴しています。ですからDくんの状態は、本人には自覚されていませんが、30才を過ぎてもまだお母さんの胎内から産まれ出ていない状態、まだお母さんのおなかの温かい羊水の中に包まれていたい状態を象徴しているのです。

ですが、その母が無理やりに「働きなさい！」などと、おなかの中のDくんを引きずり出そうとするものですから、暴れることになるのです。

では、なにゆえに30才を過ぎてもC子さんの胎内に籠もっていたいのでしょうか？　ポイントは、Dくんの子ども時代「中学も高校も成績優秀でとっても良い子だった」というお母さんの言葉に見られます。

つまり、Dくんはお母さんにとって良い子だったということ、Dくんはお母さんに誉めてもらいたくて、お母さんに優しくしてもらいたくて、一生懸命に自分のやりたいことを我慢して勉強してきたということです。

しかしあるとき、身にも心にも限界がきて、偽らない自分の生の姿で、勉強できなくても、悪い子のままでも「あなたはかわいい私の子どもです！」と認めてもらいたくなったのです。

かわいそうにDくんは、そのときC子さんに認められずに、「そんな弱い子に育てたつもりはありません」とやられたものですから、完全に心が痛んでしまい、それが高じて現在にいたっているのです。

そしてDくんに、身体を妙にくねらせるチック症状などの情動障害が見られますから、生後1才前後のDくんは、お母さんの温かいオッパイなど、人格の最も基礎になる気持ちのよいスキンシップの経験、揺るぎない安心が与えられなかったことをものがたっています。

ですからDくんは、本能的にお母さんの温かさ「ぼくを抱きしめてください！　お願いします」と、お母さんに抱擁を求めて一生懸命に不健全な努力をしてきたというわけなのです。つまり、Dくんは母親の被害者ということになります。

## 母の温もりは良薬

このように事実関係を説明しますと、「なんてこの母親はダメなんだ！」と思われるかもしれませんが、実際にはこの母C子さんも被害者なのです。

なぜなら、それを理解するポイントは、C子さんが、自分の子のDくんが求める生理的な安心「お母さん、ぼくを抱きしめてください！」という悲痛なる叫びを理解できなかったところにあります。

それはC子さん自身が、その乳幼児期に実のお母さんからオッパイ、抱っこ、おしめといった乳幼児の三大欲求、その生理的な気持ちよさを与えられていなかったために、実の子Dくんの求める安心が理解できなかったのです。まことにもって「親の因果が子に報う」の諺どおりなのです。

たとえば、抱っこやおんぶといったスキンシップの苦手なお母さんがいたとすると、その大半の方は乳幼児期に気持ちよく抱かれた経験がないということなのです。

ここに、C子さん一族のかかえているカルマ（業）があるのです。そして霊的な問題にまで踏みこめば、C子さんの父方の祖母にかかわる問題なのですが、いまは、この世的な祈りが大切です。まず、母親たるC子さんがこの事実に目を向けることです。

つまり、「子どもの心の病は私の病だ！　私の病が解決すれば息子の病も癒える」ということを知ることなのです。そして、お題目を唱えて自らのカルマを浄化し、「一族の業が清まりますように」と大きな祈り、浄業の祈りを実践することなのです。

また、自分だけで浄業の祈りができなければ、まず先に「浄業の祈禱」を受けて、浄業の祈りが実践できるように、自分自身にうごめくカルマを浄化することが必要なのです。

カルマ（業）を日常の言葉にしますと、それは生活上の行為ということなのです。ですから、生活が改まらずにはなにも変わらないのです。

この母C子さんとDくんの相談は、もう3年以上前のことで、彼女はどうしても自分のカルマ（業）を認められず、現在も「私の子どもは私に殴る蹴るの暴力をふるう悪いやつ、私は被害者！」と、苦しみの生活をつづけています。

# 不登校・家庭内暴力の長男

## 父は無条件で偉い

10月の初めに25年ぶりの高校1年B組のクラス会があり、当日はクラスメイト50名のところ、先生を含めて14名ほどが集いました。

とっても懐かしい気持ちなのですが、25年前のタイムカプセルを開くような心持ちで、楽しくもあり気恥ずかしくもありというような、なんとも微妙な気持ちを経験しました。

ところで、私はこの高校の恩師に一つの屈折したイメージをもっており、そのイメージが現在の私に大きな影響を及ぼしているのです。

というのは、クラス担任であったE先生はクラブの担当主任でもあり、また人格的にも教員として折り紙つきで生徒の人望も厚く、私自身も尊敬し多くの薫陶《くんとう》を受けました。その先生が、いまから25年前の春先に、小学生であった自分のお子さんの話をしました。「子どもというのは、ゲームなどでこちらが負けて勝たせてやると、その気になりわがままになっていけないから、つぶしてやることも必要だ。そんなときには天狗の鼻が折れたような顔をしている」と言い切ったのです。

そのとき、なぜだか理由はわからないのですが、私はなんとも腹立たしい気持ちに支配されたのです。

いまから思えば、ちょうどそのころ、私が子どもから大人へ、父という父性を超えようと一生懸命に父と戦いもがいていた時代であり、その先生の言葉に父性を感じ反発したためなのでしょう。その怒りの理由が理解できたのは、それから10年以上も経った30才代になってからです。

## 幸不幸は夫婦のかかわりあい

なぜこんなお話を持ち出したかといいますと、家庭とはかかわりあいの場ですから、どんなに母親が努力しても父親の性格、父親の因縁が主な原因となって、子どもの不登校などの学校問題をはじめ、さまざまな家庭問題を起こしていることをお伝えしたかったからです。

人は誰でも幸せになりたいと思い、そして、その生き方が正しいと思って、一生懸命に生活しているものです。

私たちのそんな思い、良かれと思う心持ちが、じつは伴侶の心を傷つけ、大切なわが子すら傷つけてしまうことのあることをお話ししたいと思うのです。

先月、ある方の紹介でFさんご夫婦が見えられ、相談の主旨は息子Hくんがこの3か月ほど不登校になり、学校のほうから「そろそろ出席日数が足りません」と忠告されたというものでした。

お話をうかがったかぎりでは、まずご主人が教育熱心で、奥さま以上に長男のHくんを理解している様子に注意が向きました。一般的にこのような場合、お母さんのほうが熱心で父親は無関心である場合が多いものです。

そして、どことなく奥様がご主人に気兼ねしている雰囲気があり、また年齢的にもご主人のほうがかなり年長のご様子でした。

徐々にHくんがいま現在どのような生活をしているか尋ねていきますと、毎日テレビゲームに熱中するばかりで、近ごろは起居《たちい》といった日常生活のリズムも狂ってきているということでした。

## 夫婦の生い立ちと性格

結論を急ぎますと、不登校になっている霊的な原因としてはご主人の母親にかかわるカルマ（業）が問題なのですが、まずはこの世的な原因から解決することが必要です。

ここで解決の第一歩として、この世的な原因について具体的にお話ししますと、この不登校はご主人と奥様のかかわり方が問題なのです。

どのようなことかといいますと、ご主人は女の姉妹の間に長男として生まれましたが、父親が早世したため実際は女ばかりの家庭環境、母系（母性）優位の生活環境で育ち、どうしても母親に依存しがちな（依存傾向の強い）性格をもっており、それに加えて父が早世したために、社会規範としての父、母を越えた無条件で偉い存在の父（父性）を知らないまま、一家では唯一の男として育てられましたから、家族の中ではわがままで外ではおとなしい「内弁慶の外地蔵」といった状態がうかがえます。

そして奥様の実家は、父親は優しく働き者の母親と女4人の姉妹の長女として育ちましたから、やはり母系が優位です。こちらは母のように働き者で一生懸命、父親のような優しい夫を求めながら母と同様に支配的な性格をもつことになります。

ところで、この2人が結婚するとどうなるでしょう。夫はわがままな依存性の強い性格、ですから実際に母性の支配から逃れようと晩婚であり、結婚した相手は一回り以上も若く、自分の言いなりになるような人を選ぶわけです。

一方妻はといえば、父のような優しい夫で自由に支配できる相手を選ぶわけです。ですから、Fさんご夫婦は、母系（母性）優位の家庭という点で、夫は自分の母のような妻、妻は自分の父親のような夫という共通項によって結婚できたわけなのです。

## 子どもはいつも被害者

ですが、ここに問題が起きたのです。どのような問題かといいますと、この夫は父親（父性）を知りませんから、母への依存性とわがまま、つまり感情的にすぐカッとする傾向（易怒性《いどせい》）をもっており、妻が強い母性を発揮して夫を指図すると、都合の悪いときにはその易努性が頭を持ち上げ、殴る蹴る踏んづけるなどの暴力をふるい、父性に支配される仕事社会では自由にならない鬱積《うっせき》が家の中で爆発することになります。

ここにいたって妻の強い母性は抑圧され、優しい父親のような夫の姿は崩れ、妻のおどした生活、夫に無理に従う（過剰適合）生活が始まることになります。

そして、その易努性はHくんにも発揮され、まして夫は「あなたは男、跡取りなのだからがんばって」と母親にけしかけられていますから、子どもに「男はこう生きるべき！」と躾《しつけ》と称して強要するようになります。しかし、それがうまくいかないと、妻に「だらしがないのは母親のおまえの生活態度が悪いからだ！」と言います。

そんなとき、普通の母親ならば子どもをかばうのですが、過剰に適合していますから、夫と一緒に母までもが「あなたがだらしないから、お母さんまで怒られる……」とやってしまい、子どもの心には人間として絶対に必要な母性「母親にはどのようなことも受けとめてもらえる」という安心感が欠落して、結果として不登校という「家の中へのお籠もり」が始まってしまいます。

家庭の中で夫はわがもの顔にふるまい、妻や子どもはおどおどびくびくして、悪循環が始まります。不登校のHくんも、その悪循環のなかで無意識におびえている様子がうかがえます。

ところで、この問題の解決法は、まずご主人が自分たちの状態を素直に理解し、ご夫婦そろって「一族のカルマ（業）が浄化されますように」と、ご神仏さまに「浄業の祈り」をすることです。

そして奥さんが、過剰な適合によって隠されていたお母さんの母性を回復し、Hくんが求めている本来の母の優しさに目覚めることが大切なのです。

また、「浄業の祈禱」によって霊動現象を起こすことで業を浄化し、母性を回復することも必要です。

ここで理解していただきたいことは、母と子の安定した家庭環境を提供するのは夫の仕事であり、そして、その家庭環境の中で社会性（父親性）を実現するのは夫の義務であるということです。

# 霊障による拒食症？

## 霊障による不幸

霊障による不幸な家庭生活についてお話ししたいと思います。

テレビなどではすでにブームとなっている心霊現象ですが、それにかかわる霊能力者と称する一群の人びとが、霊能相談として不幸な現実問題を抱える視聴者に、その不幸の原因としてかならず口にするのは「不成仏霊の障《さわ》り」（霊障）です。

そして、多くの方々がそれらの話をあたかも本当の出来事のように感じ、そのときには「そんなこともあるものかなあ」と思う程度であっても、いざ自分自身や家族の病気などが長引いたりすると、「なにかの障りか？」と、つい霊能者の看板に引き込まれてしまうようです。

## 霊障は心の障り

では実際、「霊障」は事実なのでしょうか？　私はそれを事実として「除霊」のためにご祈禱をすることもあります。しかしながら、家庭生活の中で霊的な現象が問題となっている場合には、その方にはある種の心の問題が見受けられます。

つまり、日常生活を平均的に営んでいる家庭には、その種の問題などは起こらないということをお伝えしたいと思うのです。

主婦佐知子さん（仮名、当時49才）は、しばらく前から不眠を訴えていましたが、そのうちに3、4日前から夜になると亡くなった叔父さんの霊が血だらけの姿でやって来ると言いはじめ、一種の錯乱状態になってしまったといいます。

病院へ運んで診断してもらいましたが、医師は特別に身体的な問題は見られないということで、たいした治療もせずに、三環系《さんかんけい》の精神安定剤を処方され帰されました。

その後も同じことが何回かつづいたので、「きっと霊の障りだろう」ということで、ご主人に付き添われ相談に見えられたのです。

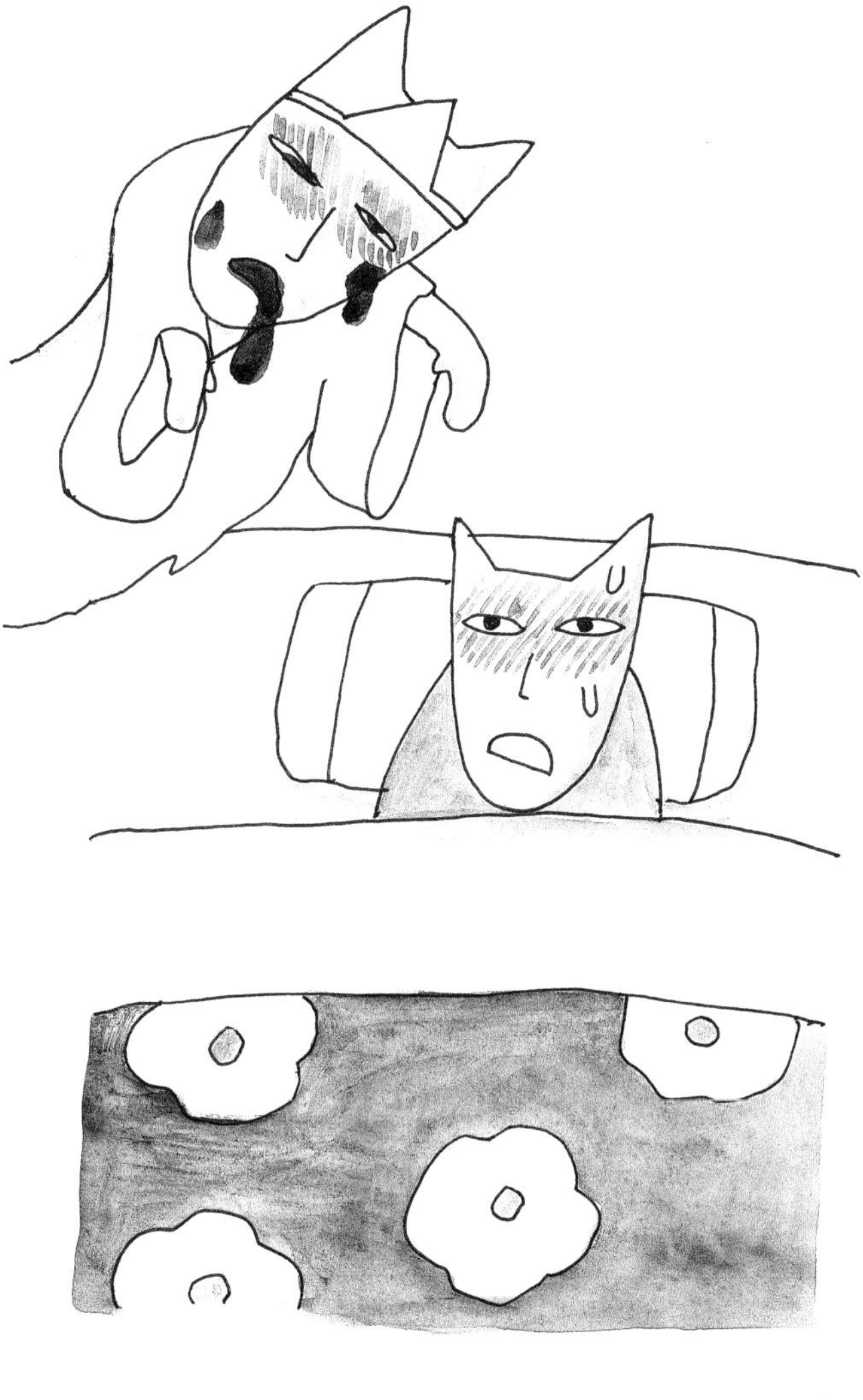

## 彼女の不幸な過去

私が霊断法によってご神託してみても、たしかに霊的な問題が認められましたが、基本的には佐知子さんご自身の生活史、成育史の中に原因があると考えられたので、彼女の生い立ちなどを問診していくと、つぎのようなことが明らかになってきました。

彼女は6人姉妹の4女で、彼女が小学校に上がったとき、末の妹が生まれてまもなく父が亡くなり、結果的には彼女を含めて4人が遠縁へと養女に出され、彼女の養育先には妹ほどの子どもが何人かいましたが、養母からは「おまえは頼まれてただで置いてやっているのだから」と、子どもたちの洗濯などすべての面倒を命じられ、「自分は厄介者だから働かなければこの家に置いてもらえない」と、一生懸命に耐えてやってきたそうです。

中学を卒業すると、集団就職によって「やっと自分の意志で働ける」と喜んだといいます。そのためか、関西方面の温泉地の旅館に勤めた彼女は、数年後にはその旅館の仲居を切り盛りするほど認められ、その努力の跡がうかがわれます。

その仕事ぶりを惜しまれて結婚した彼女は、それから夫の仕事を手助けしながら、数年後2人の子どもを出産し、ともに中学生になったころ、彼女は突如としてノイローゼになり、いまでいう摂食障害（拒食症）となって入退院をくりかえすことになります。

そして、3年前に叔父さんが交通事故で亡くなり、いまになってその叔父さんの霊が障って、夜な夜な血だらけの姿でやって来るというのです。

ここでまず問題なのは、3年前の霊魂がいまごろ障るということはなく、障りが出る場合は、長くとも半年以内に亡くなった霊魂だということです。

ですから、佐知子さんの霊障は叔父さんのものではありません。実際に彼女のお宅へ伺ってみてわかったのですが、彼女の寝室はその家の入り鬼門といって鬼門の始まる角に位置しており、その家に移り住んでから、精神状態がとみに悪くなったというのです。

それもそのはずです。九星気学《きゅうせいきがく》でいう鬼門とは、心霊的なエネルギーが出入りする神聖なるところですから、もともと心理的に問題のある彼女がそこに寝起きしていれば、霊障を招くのも当然といえます。

## 霊の障りやすい心とは

ところで、私は「心の問題」と限定しましたが、このケースのような人にかぎって問題があるのであって、みなさんがその場所に住んでもそのような霊障は起こることがないのです。

なぜでしょうか？　少しずつポイントを押さえながら、お話ししていきたいと思います。

まず、ここでポイントとなるのは、彼女がとてもつらい養女時代を耐えて生きてきたこと、そして、旅館に勤めても立派に勤めあげたことです。

養女時代、彼女には心の休まるところがなく、「がんばっていなければ置いてもらえない！」という思いでいっぱいであり、養母に絶対服従の姿を見せることで「これで置いてもらえる」と安心していたことがうかがえます。ここに、ある種の神経症傾向が見えています。

そして、結婚してからは夫の仕事を援助し、育児などに専念してきましたが、子どもたちが中学に入った段階で生活のリズムが変わりました。

それまでは夫や子どもたちにたいして一生懸命に尽くし絶対服従の姿を示すことで「これで置いてもらえる」という安心を得ていましたが、夫や子どもが独立し安定してしまうと、養母に「私はこれだけつらい思いでがんばっているのだから置いてください」と絶対服従して安心して生活する場所がなくなり、神経症傾向がはっきりと顔を出し、その結果として摂食障害の状態を招いているのです。

簡単にいいますと、「体が弱くなって仕事ができませんが、ここに置いてください」と、養母への絶対服従をこのようにして表現しているのです。つまり、神経症的病弱ということです。

そして、このように意識できない負の心のエネルギーが強く意識や身体に働いているときには、心霊的なエネルギーに感応しやすくなり、霊障が現われやすいのです。

## 除霊と祈り

この場合、まずお寺で彼女の霊障を確かめながら、除霊のご祈禱をしました。かなり激しい霊動現象で彼女は一時意識を失いましたが、一時間ほどで意識を取り戻したときには、いままでが嘘のように回復していました。

現在は、この世的な問題で霊障の根幹であった神経症傾向を浄めるために、「浄業の祈り」を実習して比較的安定した生活を営んでいるとのことです。

霊障はありますが、なにもないところに霊障はないのです。

日常生活の中で家族が楽しくまとまっていれば、霊障などはないのです。それは、みなさんの温かく楽しい心が、先祖の霊を供養するエネルギーとなっているからです。

仏教やキリスト教などの〇〇の宗教を信ずることが信仰なのではなく、ご神仏さまから賜わったこの生命を楽しく全うすることが信仰なのです。

## 不幸を求める人びと

### 不幸な事実

寺に「霊断祈禱所」という宗教的な癒しの実践を目的とするカウンセリング・ルームを開設してから、久しい歳月が流れました。

そんな中で、「悩みごとを抱えた方々に本当に幸せになっていただきたい」とお祈りをしているのですけれども、「なんとも不幸な方々だなあ」と思うことが多々あります。

真剣に「ご神仏さまにおすがりし、お祈りして本当に癒されたい！」と努力している方はよいのですが、面談に訪れる方々の中には、まるで癒されることを拒んでいるかのように、「私はこのまま癒されたくありません！」と、ご自身を悩ませている病や辛苦の生活を最愛の友のように守りつづけている方も少なくありません。

このように言いますと、多くの方は「まさか、そんな馬鹿げたことがあるものか。人はみな病を嫌がって一生懸命、治るように努力するものだ。それでは、病気がなかなか治らない人は『わざわざ好んで病気になっている』と言っているのと同じではないか！」とおっしゃると思います。

このご意見についてあえて申しあげますと、「そのとおり。その人はある意味では、ご自身の病や不幸な生活を悦《よろこ》んでいるのです」と答えたい気持ちになります。

## 不幸を求める心とは

みなさんも、ご自身の身のまわりに「身体のここが悪い、あっちが悪い」と言いながら、あちらの病院がダメならこちらの病院へ、こちらがダメならまたあちらの病院へと、せっせと病院の梯子《はしご》をしているけれども、ちっともよくならないと訴えている方の多いことにお気づきかと思います。

治りたくない症候群、癒されたくない症候群の方々は、このような人たちの中に多く潜んでいます。

病院
クリニック
医院
クリニック

この方たちの場合は、比較的軽症の、病気というほどでもない不定愁訴《ふていしゅうそ》と呼ばれるもので、ある種の心の訴えが身体の症状として反映しているものなのです。

もちろん、当のご本人たちのつらさは本物ですから、あちらの病院、こちらの病院へと自分のつらさの原因がどこにあるのかハッキリさせるために通院するのですが、一般的にはこのような不定愁訴で通院する方は、いろいろな検査をしてみても原因がハッキリと特定できず、病院の先生方も扱いあぐねていることが多いようです。

そして、このような方々が一番嫌うのは、「あなたは特別な病気ではありません。ご安心ください」というお医者さんの言葉であり、また、にべもなくそう言い切るその医師そのものなのです。

それで、あちらこちらへと足を運んで、自分自身の意に適う診断をするお医者さんを求め歩くのです。

つまり、このような不定愁訴という、病気ではない症状で悩んでいる方たちの多くは、自分を受け入れてくれる、自分の話に耳を傾けてくれる共感者を求めているのです。

## 心の栄養不足

私たちは両親の愛情に育まれて成長し、その愛情を心の栄養として成熟していきます。そして、その愛情は「私は父母に認められ受け入れられている」という安心感によって育まれていくものです。

乳母車に乗った乳飲み子が、風に舞いながら花の間を飛び回る蝶々を指差しながら「アーチャン、アーチャン！」と母に共感を求め、母もとっさに「そー、きれいな蝶々ね！お母さんも大好きよ！」と感嘆したとき、たとえ母の言葉はわからなくとも、赤ちゃんの心には「私は母に愛され受け入れられている」という安心感が芽生えて育ちはじめます。この心持ちが、私たちが理性的に表現する「愛情」「信頼」「感謝」「やさしさ」「思いやり」などの情緒的な心の基礎になっているのです。

ですから、不幸な生き方をする人たちの心には、幼子の時分にこのような愛情という心の栄養、共感し「あなたを愛している」という優しい心が不足していたことをものがたっているのです。

そして、この心の栄養不足によってきざした否定的な念《おも》いは、ご自身は無自覚なのですが、まず一番身近な母や父にたいする「私はあまり愛されていない！」という不信感、不安感となり、やがてこれから持ちつ持たれつの人間関係を営むその人たちへの不信感、緊張感へとふくらんでいくのです。

この否定的な念いについて現代の精神医学や身心医学に目を向けてみますと、不信感という暗い念いは心の病として精神病へ、不必要な緊張感は身体の病気へと発展していくことが具体的に知られています。

また、不定愁訴という病気でない症状ばかりではなく、ある種の病気にたいしてどんなに治療してもまったく効果の上がらない患者さんや、治療経過が順調であるのに薬を中断すると病状が再燃してくる患者さんの場合、このような心の栄養不足によってきざした否定的な念いを疑うべきである、ともいわれはじめています。

人間は本能として「愛されたい、認められたい、受け入れられたい」という強い感情をもっていますから、病気でない症状で病院の梯子をなさっている方々は、自分の不定愁訴という理由のよくわからない苦しみを経験することで、それによって自分を治療する義務のある医師に「先生、どうか私を受け入れてください。私の苦しみをわかってください」

と満たされたことのない愛情を、分かちあったことのない安心感を、無意識にですが求め歩いているのです。

このように見てきますと、私自身にも思いあたることばかりです。きっとみなさんの中にも、私と同じように「たしかにそうだ」と思われたり、ご自身が子育てをする中で自分自身の不安な態度を発見された方もあることでしょう。

おそらく、このような愛情という心の栄養の不足した親子関係が「親の因果が子に報う」という諺として伝えられているのでしょう。

## 祈りは宿業を浄める

これまでは不定愁訴を心理学的に語ってきましたが、じつは私はここで仏教でいう宿業（カルマ）、前世からの因果応報を思い浮かべています。

本当は健康的で幸福ですばらしくなるべく生まれてきた子どもたちが、暗い想念の母親に遭遇することで、心の栄養不足によってきざした否定的な念いに支配され、不幸な人生の門出を迎えてしまう不条理を悲しみます。

なにゆえ、このような家庭環境の中に生まれてきたのでしょうか？　前世からの宿業（カルマ）によるのでしょうか？

私は、たとえそれが前世からの宿業（カルマ）によるものであっても、自らの心の扉を開き、一番身近な母や父にたいする「私はあまり愛されていない！」という不信感、不安感、否定的な念いを掃き浄めて、本来私たちに備わっている健康的で幸福ですばらしくなれる素質を磨き出すことで克服できることを知っています。

## 「浄業の祈り」のポイント

それには、「浄業の祈り」によって癒される心の状態、心と身体の安定した状態を誘導することが大切です。

ここで、この浄業の祈りをごく簡単に要約しますと、まず、**①〈道徳的訓練〉のテクニック**として、お寺の本尊の御前、ご家庭でしたらお仏壇か神棚の御前に、敬虔な気持ちで座り、日常的な雑念を捨て、つぎに、**②〈身体的訓練〉浄心行《じょうしんぎょう》のテクニック**として、身体の余分な力を抜き、ゆったりと下腹で呼吸を調え、心を安定させて、心と身体の緊張を解放する。そして、**③〈精神的訓練〉正唱行《しょうしょうぎょう》のテクニック**として、合掌している手の温かさなどに心を向けながら、朗々とお題目を唱えるのです。

そして、お題目を唱えつづけるときの心持ちのポイントは、自分だけの祈りをせずに、「この業が浄化されて、みんなが幸福になりますように！」と、裾野の広い大きな祈りをすることです。

自分だけの幸福を祈るような利己的な心ですと、業が浄化されるときにかえって悪感情が増幅して、自分をもっと苦しめることになりますので、注意が必要です。

正しくお祈りすれば、宿業であってもかならず浄化することができます。

この3つのテクニックについては、本書「祈りで病気が治る」（149頁～）で、さらに詳細に解説しています。

# 祈りのもつ癒す力

# 祈りと魂の成長

## 祈りは人間の自然な姿

人はどんなに強がってみても、日ごろ信仰などもっていなくとも、困ったときや、自分の力や知恵ではどうにもならないとき、また重病になるなど絶体絶命の危機に遭遇したときには、思わず「神さま、仏さま、なんとかお助けください！」と祈ってしまう、まったく弱いものです。でも、これが人間の自然な姿だと思います。

私は出家して僧侶となってから、とくに荒行などの修行をしたころからは多くの方々のいろいろな悩みごとをお聞きし、ご神仏さまのお力を借りて、心をひとつに絞って霊断法を行ない、その原因がいまの本人にあるのか、前世にあるのか、また、その家の悪業によるのか、土地の悪業によるのかなどを超感覚的に明らかにし、そしてまた、ご神仏さまのお力を借りて加持祈禱《かじきとう》を行ない、浄業《じょうごう》を祈り、その方々が現実苦から救われるようにお願いしてきました。

## 祈りには2通りある

ここで祈りを大きく分けてみると、**自分のための祈りと、他人や家や国や世界のための祈りとに分けられ、**さらにこれらの祈りは、**現世利益というこの世的な祈りと、魂の成長という霊的な祈りとに分けられる**ように思います。

また、ご神仏さまはどんなに欲張りな祈りでも、少々ふまじめな態度の祈りであっても聞いてくださるかといえば、たとえ自分のためだけの利己的な祈りであっても、敬虔な態度で、まじめに一心に、我を忘れ真剣にお祈りすると、その祈りの内容をかなえてくださいます。

けれどもご神仏さまの本心は、一心に我を忘れて祈る人を、現世利益というこの世的な意味だけではなく、霊的な次元で魂を成長させるところにあるのです。

## ご神仏に届く利己的な祈りとは

多くの人は自分だけのためにさまざまなことを行ない、ほかの人を落とし入れても自分を守ろうとするのが常道です。じつは私たちの悩みの主な原因は、このような自己保全という利己的な本能に支配されていることにあるのです。

実際に親から生まれてこない人はなく、水や空気や食べ物がなかったら、誰一人として生きていられません。自分一人で存在しうるものは、ご神仏さまであっても、なにひとつとしてありません。この世も、この世だけで存在しているのではなく、あの世、つまり霊界や、ご神仏さまの世界と密接なつながりにおいて存在しています。

これらのことを自覚できない無明《むみょう》、無知の状態で生活しているのが、私たち凡夫《ぼんぷ》です。我を忘れてご神仏さまに心を向けお祈りしている人は、霊の世界、ご神仏さまの世界へとつながることのできる状態にあります。そんなときには、祈りが現世利益という利己的なものであっても、祈る人、祈りの物事へと、霊の力、ご神仏さまの力が流れ込み、お祈りが叶うものなのです。

このとき、この祈った人は、この世的な人間の存在を超えた世界、霊やご神仏さまの世界に触れ、このことを契機として、私たちの生活のすべて、あらゆるものがそれひとつではなにものも成り立たないことを次第に自覚し、霊界やご神仏さまの世界の実在を知り、「霊的に目覚めよう」「霊的に成長しよう」と努力するようになるものです。

ご神仏さまは、このように「私たち人間の業を浄化し」霊的に成長させ、この世の進化と大いなる霊の世界との調和をはかり、この世と神霊の世界を含めた全宇宙が浄化し清まることを意図しておられるのです。

## 祈りのポイントとは

この世の本当の祈りとは「魂の成長」を願う祈りのことです。いまお話ししたような自己保全というような利己的な祈り、つまり、いまの自分だけを守り、ダメな自分をいつまでも守っておきたいという祈りとは、ぜんぜん違います。

いまの自分を守るのではなく、逆にいまのダメな自分を捨てる祈り、いままでの在り方を捨てて、もっと次元の高いご神仏さまのところ、その世界へ自分を引き上げていただきたいという祈りが大切なのです。

ただ「商売が繁盛しますように！」とか、「お金がもうかりますように！」とか、「病気が治りますように！」と拝んでも、けっして叶うものではありません。ご神仏さまの世界につながろうと思ったら、やはり人間の世界からご神仏さまの世界へと身も心も向いていなければなりません。

ですから、このような祈りが実現するためには、この世に生きている人であっても、死んで身体をなくした霊的な存在であっても、いまという時点のダメな自分の在り方を捨てて、より高い次元の自分が開かれるように、より高い次元の存在に達するための「修行」をしなければなりません。

## 自分を忘れて祈れ

しかし、自分を捨てるといっても、「自分はダメなんだ」と否定しているだけではなんにもなりません。かえって危険なこともあります。自分を否定したら、より高い次元の存在に成長し、健やかな存在になれるように、ご神仏さまのご加護のもとで「修行」しなければなりません。実際はご神仏さまの世界に身も心も向けて、お任せするだけでよいのですが、なかなかこれがむずかしいのです。

たとえば、私はみなさんに「お題目を『南無妙法蓮華経』と一生懸命に唱えてください」とおすすめしていますが、このお題目の修行というものも、ひとつはいままでのダメな自分の生き方を否定し捨てるための修行方法なのです。

「南無妙法蓮華経」と唱えたからといって、そのままパッとご神仏さまとつながるものではなく、お題目を何回も何回もくりかえしながら、「南無妙法蓮華経」という声になり、「南無妙法蓮華経」そのものになってしまうのです。

そうなったら、もうそこには自分がなくなって、ご神仏さまとひとつになれる準備ができています。ですから、「南無妙法蓮華経」とお題目を唱えることは、他力ではなくやはり自力なのです。禅宗のように坐禅を組むことだけが自力の修行ではないのです。朝な夕なお寺では、太鼓《たいこ》や木柾《もくしょう》のリズムに合わせて、お経を読み、お題目を唱えますが、そのとき、もし私たちがそのお経やお題目の声とひとつになれたら、また、その太鼓や木柾の音とひとつになれたら、そこではもう私たちのダメな自分が捨てられて自己否定が起きているのです。

## 毎日つづけることが大切

しかしながらその修行が済むと、私たちの場合、残念ながらまた逆戻りしてしまいます。ですから、毎日毎日、くりかえし、くりかえししているうちに、現在の在り方の殻というか、ダメな自分の自我の殻というか、その殻がだんだん溶けてくるようになるのです。

よく考えてみますと、このダメな現在の自分を守ろうとする利己的な在り方、つまりダメな自分の殻を溶かし捨て去るということは、いままで守ってきた自分の身も心も全面的に否定することですからとてもむずかしく、一度にすると死ぬほどの苦しみを経験するものです。

ですから、毎日少しずつでもくりかえしているならば、ダメな自分を守ろうとする利己心は徐々にですが壊れて、少しずつ柔らかくなり、次第に溶けていくのです。

ところで、はじめに「魂の成長には修行が大切」と言いましたが、修行はある意味では自力なのですが、最後のところでは絶対の他力になっていなくてはなりません。つまり、最後のところでは、修行をしていることも、お祈りをしていることも、なにもかも忘れてしまう状態が大切なのです。「お経やお題目」に自分を集中してその中にはまり込んでいく、それとひとつになることは、そこで自分を超越しているからこそ起きることなのです。

大切なのは、修行にしても、お祈りにしても、その行法の最後のところは、そういう行為をしている自分のすべてを、ご神仏さまにおまかせすることです。

## すべてを忘れて祈ること

ですから、一切合切をご神仏さまにおまかせする。自力の修行をしている自分を、ご神仏さまに全部おまかせしてしまう。自力の修行をして、心の無意識の層に生まれ変わり死に変わりして蓄えられたさまざまな業としての想念、考え、感情などが浄化され、割合にきれいに澄んできた状態、なにも思わないような状態になって、現在の自分の自我という存在の殻の上部の口が少し開いたような状態、あるいは自我の殻の縫い目がところどころほころんできた状態の自分を、ご神仏さまのほうへ全部向けるのです。

ここにご神仏さまとのつながりができ、このときご神仏さまのエネルギーが私たちに流入し、飛躍ができるのです。すると、本当の一歩ずつの成長が毎日いただけるようになるわけです。

このように、お題目を毎日唱えたり、お祈りした後に、最後は澄んできれいになった自分の全部を、お供え物としてご神仏さまにささげると、ここでご神仏さまとのつながりができて、ほんの少しでもご神仏さまの世界へと引き上げていただけるのです。

## 自我の殻が溶けるとき

ここはもう自力や他力といったものではなく、絶対の他力なのです。こういう修行やお祈りを毎日くりかえして、少しずつでも積み重ねていくと、いつか自分自身の殻がパッと壊れるときがくるのです。

このような「魂の成長」を求める修行やお祈りと、はじめの利己的な現世利益のお祈りとはまったく違います。現状維持で自分を守ろうとするお祈りと、自分を捨ててより高いところへご神仏さまに引き上げていただこうとするお祈りとは、ぜんぜん違うものなのです。

どうせお祈りをするのなら、いまのちっぽけなダメな自分を守るような小さなお祈りをせずに、そういう小さな自分の殻を壊して、ご神仏さまに近づけるような大きなお祈りをすることが大切だということです。

## 祈りの科学的意味

お祈りをしているとき、私たちの心や身体がどのようになっているかについてお話ししてみたいと思います。

とくに、お経を読んだりお題目を唱えると、なぜありがたい気持ちになれるかということについてお話ししたいと思います。

仏道修行にはいくつの種類があるかご存知でしょうか。だいたい4つの方法がありますす。専門的な言葉は避けますが、一般的に知られているのは「坐禅」だと思います。

そのほかには、近ごろ千日回峰行《かいほうぎょう》として有名になった「歩く修行」です。そしてつぎが、お経を読んだりお題目を唱える「半行半坐《はんぎょうはんざ》の修行」で、最後はキリスト教などでいう見返りを求めない奉仕の行ない、「献身の修行」が上げられます。

この分類方法は、日蓮聖人が師匠ともお呼びした中国の天台大師智顗《ちぎ》（538〜597）という偉大なお坊さんの『摩訶止観《まかしかん》』という書物に書いてあります。

そして、この4つの修行方法に共通する特徴は、自分を忘れるところにあります。坐禅は座って瞑想をして自分を忘れます。歩く修行は、山の中を一生懸命に歩くことで、歩くことに徹しきって自分を忘れます。

また半行半坐の修行は、お経やお題目を一生懸命に唱えて、お経の声、お題目の声になりきって自分を忘れます。そして献身の修行は、神さまや仏さまに献身し、一見するとつまらない仕事に全精力を注ぎ込んで自分を忘れます。

つまり修行とは、いままでのダメな自分を忘れて、心の中に眠っているご神仏さまと同じ本当の自分に目覚めることなのです。

修行中、自分を忘れているとき、本当の自分が目覚めはじめるときには、ひとつの特徴が見られます。それは、お題目を唱えているときに、合掌している手がとっても温かく気持ちがよかったりした後に、背中で虫が歩いているようにもぞもぞしたり、手足の筋肉がピクピク動いたり、昔のいやな思い出がよみがえったりするなど、けっこう変な経験をするのです。

これは昔の言葉で「善根《ぜんこん》の相《そう》」と呼ばれ、修行によって心の垢が清まっている証拠だといわれています。

科学的にいいますと、お題目を一生懸命に唱えることでダメな自分を忘れ去り、そして身体がリラックスすることで手足が温まり、この心身のリラックスによって緊張として溜まっていた心の業《ごう》、心の垢が清まったと説明できます。

医学的には、変性意識状態（Altered State of Consciousness）を誘導することで、情動として心身に溜まっていたストレスを発散したと考えられます。

祈りのポイントは、無理なく姿勢を調えて、合掌の手の温かさに心を置きながら、ゆったりと呼吸を調え朗々とお題目を唱えることにあります。

ゆったりと唱えて、心と身体の緊張を解放しリラックスすることが大切です。

## 病と祈り

### 祈りが病を癒す

多くの方は、「祈りによって病が癒された」などと言うと、なにかいかがわしい眉唾物のように思われることでしょう。

しかし、末期の癌《がん》で余命幾ばくもないと診断された方が、ご神仏さまへの私心なき祈りによって、また献身的な奉仕の行ないによって数年も寿命を延ばし、人生の幸福を全うされたということは事実であり、医学的な意味での報告も多くなされています。

ところで、末期の癌のように重篤な病気でない場合には、その祈りの効果、ご神仏さまの救いには劇的なものがあり、祈ることによって私たちに息づいている神性《しんせい》というか、仏性《ぶっしょう》というか、完全円満な久遠《くおん》のお釈迦《しゃか》さまの生命《いのち》の目覚めによって癒されることは、まぎれもない事実です。

具体的に、「慢性関節リウマチ」の発症と祈りによる癒しについてお話しします。

この病気は割合、中年以降の女性に多い病気であり、医学的に女性の心のある種の特徴に問題があるのではないかと考えられていました。

つまり、女性には妊娠出産といった生命の相続を担う大切な使命があるために、当然ながら男性よりは物事に執着し生活を守るという意識の強い傾向が見られるからなのです。

そして、不運にもこの慢性関節リウマチを発症してしまった方々の特徴を調べてみると、学生時代は戸外のスポーツなどで活動的であったり、お転婆だったり、外向的な性格が見られます。

また、思春期には衝動的に怒りやすい反面、成人になるとその感情を無理に抑えようとする抑圧傾向が見られたりもします。

そして、結婚してからの人間関係では、夫や子どもを支配する傾向が強く、とくに子どもにたいして一般的に要求がましくいろいろと強制するのですが、同時にその子どもたちのことを心配して、たくさん世話をしたがります。

しかし、それはよけいな心配であったり、支配するという感情と他人に一方的に尽くすなどマゾヒスティックな感情の入り交じった家庭生活が見られるようになります。

支配と依存という矛盾した相反する感情が動いており、夫や子どもという家庭環境の中では立派な妻や母として奉仕し、家庭のために自分を犠牲にすることで夫や子どもを支配し操作するという態度が、彼女たちに一定して認められる特徴だといわれています。

そして、彼女たちの育った家庭は、一様に強くて尊大で要求がましい母親と、たいていの場合、依存的で従順な父親との生活環境が見られます。彼女たちは小さいころから、冷たく攻撃的な母親にたいする依存感と恐怖感とを感じながら育ち、自由な態度、自由な生活ができなかったために攻撃的な反抗心が芽生えています。このような母親にたいする抑圧された反抗心が、攻撃的な衝動として夫や子どもたちへの支配的な世話の強要という形で現われ、そして、それが自分へと向けられたときには、その代償として慢性関節リウマチへと自分自身の健康を攻撃しはじめることになります。

それはどういうことかというと、夫や子どもたちへの支配的な世話が不可能、あるいは不必要になった場合、たとえば子どもが成長して巣立っていったときなど、リウマチによる慢性関節炎が悪化し、夫や子どもたちに自分を看病させるといったかたちで支配を実現するようになるのです。

このような人たちは無意識にそうしているのであって、意識的にやっているわけではありません。ですから、よけい悲劇的なのです。

ところで、このような心の問題が、実際に病気という身体の問題へと発展するプロセスは、どのようにして起こるのでしょうか。

リウマチ性の関節炎を発症する女性の心には、抑圧された敵対する感情が隠されています。仏教ではこれを客塵煩悩《かくじんぼんのう》と呼び、本来は仏性と同様の清浄《しょうじょう》な心が、成長する過程で垢が付いて汚れてしまった状態だといいます。この攻撃的なカルマ（業）は神経生理学的には交感神経系を刺激して筋肉の緊張として表面化し、またその攻撃的な衝動を止めようと抑圧することによって、緊張している筋肉と対をなす拮抗筋の緊張も強めてしまいます。

そして、この拮抗筋群の緊張による収縮は、関節を損傷するなど身体的基盤にリウマチという病的要因を与えることになります。

さらにこの攻撃的なカルマ（業）による交感神経系の刺激は、自律神経系に支配される免疫機能、とくに白血球の顆粒球やリンパ球の増減に関係し、リウマチなどの自己免疫疾患の要因となるといいます。

実際に慢性関節リウマチを発症する過程で、多くの人たちは、つねに筋肉の硬直と緊張を訴えており、筋肉のこわばりと痛みが関節炎発作の前兆であるという事実が報告されています。

この報告は現代医学では神経系の緊張として説明されていましたが、SCI大学院〈アメリカ合衆国カリフォルニア州公認カリフォルニア人間科学大学院日本センター、現在、本山《もとやま》人間科学大学院〈MIHS〉の研究室では、体液系の気エネルギーのバランスの崩れによるといいます。

関節炎によって関節が変形したりしますが、これは関節と関節の間を流れている体液の流れ、気エネルギーの流れが悪くなり、そこにカルシウムのイオンが貯まってしまうためなのです。

簡単にいいますと、私たちの皮膚や関節あたりはマイナスの電荷による電気的な勾配があり、その坂道をカルシウムなどのイオンを含んだ体液、気エネルギーを含んだ体液が循環しているのですが、衝動を抑圧した感情はエネルギー的には陰性の働きをしますので、気の生理学的には止まる、固まる働きを意味し、そこで体液循環が滞りカルシウムが関節に沈着してしまいます。

そして、それにともなって体液系のバランスは免疫系のバランスとも密接につながっていますから、リウマチという全身病へと発展するといわれています。

## 信仰が緊張を解放する

では、病を祈りという信仰によって救い癒すためには、どうしたらよいのでしょうか。

いまお話ししたリウマチなどの病は、医学的には神経症的病弱（心身症）と呼ばれていますが、このような心の問題は仏教的な意味では客塵煩悩によるカルマ（業）が原因です。本人には意識できない陰性の心的エネルギーが強く働いていることによって、心霊的なエネルギーに敏感に感応し、一種の霊障が現われている状態なのです。

この場合、まず慢性関節リウマチを発症した方の霊障が、なにに強く固執しているか、さきほどの「強くて尊大で要求がましい母親にたいする怒り」などと関わっているかを確かめながら、浄業のご祈禱を行ないます。さらに霊障の根幹である神経症傾向を清めるために、浄業の祈りとしての唱題行を実践し、攻撃的な衝動によって緊張している拮抗筋をほぐし、さらに自律神経機能を安定させることが必要となります。

とくに「浄業の祈り」として唱題行を実践するときには、立ち居振る舞いを調え、姿勢を正し、まず呼吸をゆったりと調え、身体の余分な力を抜き、合掌の手の温かさを意識しながら、粗雑にならないように朗々と唱えることがポイントになります。

そして、合掌した手や座っている足など末梢の部分がリラックスするように留意することです。そのため、呼気にはわだかまっている思いを吐き切り、吸気ではご神仏の息吹が手足の末梢まで巡り、温かくなるように心がけることが重要なポイントになります。

病を癒すには、私たちに息づくご神仏さまの生命《いのち》、神性、仏性を目覚めさせることが必要です。換言すれば、それが信仰であるともいえます。

## 死後のゆくえ——求められる健やかな生き方

### 古典的な教えはいま

「死後のゆくえ」についてお話ししたいと思うのですが、このような心霊的な問題には宗教や信仰に関わっていない方であっても、ほとんどの方が関心や興味をおもちになっているようです。

数年前でしたか、毎日新聞のアンケート調査（30代から40代の男女3000人）が行なわれ、「現代社会の幸福感あふれる中で一番不安なことは何か？」の問いにたいして、その過半数以上が「病気と事故」と答えており、その言葉の中に死にたいする不安が高まっていることがわかりました。

そしてまた、多くの方が神さまや仏さまの存在を「信じる」、宗教は「救いになる」と答えながら、そのほとんどの人が「特定の宗教は信じられない」「信仰はもっていない」と答えて、心の支えは信仰に代わって「家族（子どもや夫婦）である」と答えているのです。

つまり、このアンケートがものがたっているのは、現代の日本人にとって既成宗教の古典的な教化が、もはや死への不安を解消するという宗教本来の機能を果たしえていないということで、脱宗教化が進んでいることがわかります。

ちなみに、古典的な言葉で語られた日蓮聖人のお手紙のいくつかをお伝えしますと、この「死後のゆくえ」について『十王讃歎鈔《じゅうおうさんだんしょう》』では、生前の行ないが死後に裁かれ、善い行ないは善処に生まれ、悪い行ないは悪処に落ちることが地獄絵図のありさまとして語られ、「臨終を習うて後に他事を習うべし」（『妙法尼御前御返事』）、「臨終は只今にありと解って信心をいたし南無妙法蓮華経と唱える人は、千の仏様が手を取り地獄へ堕ちることをまぬがれる」（『生死一大事血脈鈔』趣意）、「南無妙法蓮華経と唱えて、臨終を正念で迎えなさい」（『上野殿御返事』趣意）ということが強調されています。

しかしながら、はたしていま何人の方が、このような古典的な教化を「まことにそのとおりですね」と、それを自分自身の死後の行く末として素直に信じられるでしょうか？

正直なところ、「このような信仰のお話は葬儀や法事のセットだから聞いている」という方がほとんどのようです。現代人の脱宗教化は、宗教心が薄くなったというのではなく、「宗教は信じたいのだけれど、素直に信じられるような現代的な教化、現代に生きる私たちを納得させてくれる信仰的な教化がない」状況を示していることがわかります。

## 私たちの本当の問いかけ

では、少なくとも宗教的なお話より納得できそうだと、私たちが信じている現代科学へと救いを求めてみても、はたして私たちを本当に納得させてくれるのでしょうか。現実の問題として、私たち人間にとって死は一大事件のはずです。

死とはいったいなんなのか？
死ねばすべてがおしまいになってしまうのか？
それとも魂は残るのか？
死後の世界はあるのか？

あるならば、それはどんな世界なのか？
そのさい、どんな悪人でも仏になれるという教えもあるが、それは本当なのか？
天国や地獄は実際に存在するのか？

しかしながら、今日のように科学が発達しても、私たちのこのような不安や問いかけにたいして、なかなか明確に答えてくれないのが実状です。

きっと、これらの疑問や不安が沸々と発酵して、いまのスピリチュアル・ブームを背景に、前世や守護霊といった言葉が一人歩きをして、細木数子の六星占術や、テレビ「オーラの泉」の江原啓之や美輪明宏といった人物への関心となっているのでしょう。人びとの心の奥底には、「救ってもらいたい」という強い願いが息づいているように思われます。

## 臨死体験者の報告

だいぶ前のことになりますが、信じられる宗教は見つけることができませんでしたが、実際に死の瀬戸際から生還した臨死体験者の報告を読んで、ご自身の死の不安を解決して健やかな死を迎えた方がいます。

それは当時、順天堂大学教授、日本医師会の創立者であった吉岡昭正さんという方です。吉岡さんは1978年に直腸癌を宣告され1年後に他界したのですが、その365日を綴った手記には、アメリカの医学博士レイモンド・ムーディー著『かいま見た死後の世界』、日本では1970年に翻訳出版された臨死体験者の「私は死に臨んでも生きていた」という報告を読んで、自らの死を納得し安らかに死を迎えられたとあります。

吉岡さんはその手記『死の受容―ガンと向きあった365日―』の中で「宗教書や哲学書に救いはない」と言い切りながら、臨死体験者の「私は死に臨んでも生きていた」という報告を現代的な教化として素直に信じ、自らの死を受容していったのですから、この「臨死体験」には現代に生きる私たちを納得させてくれる信仰的な教化力があるようです。

## 臨死体験は新しい教化

ここで臨死研究の権威、アメリカのコネチカット大学心理学教授ケネス・リング博士等の報告からこの「死後のゆくえ」を見てみますと、1991年に翻訳された『臨死体験』

では、臨死体験を「病気による臨死」「事故による臨死」「自殺による臨死」に分類し、また宗教の有無を合わせて考察した結果をつぎのように報告しています。

1　重病によって死に臨んだ人で、とくに宗教をもっている人は、死の自覚ができているばかりではなく、神様と呼びたい方から祝福や啓示を受け、とても安らかな気持ちの中で死後の世界を確信した人がほぼ過半数。

2　事故による臨死、とくに自殺未遂によって死に臨んだ人は、意識の喪失をともない、回復時にはかなり苦しい経験をし、回復してからも死の恐怖が心の負担として残り、死後も苦悩に満ちたものだろうという不安を感じたという人が半数弱。

この報告によって、臨死体験者がこの世とあの世の境で知りえたことは、この世のあり方があの世の苦楽につながるということであり、さきほど見た古典的な言葉で語られてきた「死後のゆくえ」、生前の行ないの善し悪しや、臨終を習うこと、「南無妙法蓮華経と唱えて、臨終を正念で迎えなさい」という日蓮聖人の教えがそのまま蘇ってきます。

## いまの生き方が「死後のゆくえ」をものがたる

いまここで「死後のゆくえ」を思い悩む方があるならば、しっかりと朝夕のお勤めを実践し、いま現在のご自身の健やかな生き方、その人生を養うことが最も大切です。

日蓮聖人は、

「人生の苦しみを本当に解決し、健やかな生活を願うならば、南無妙法蓮華経のお題目を一生懸命に唱えて、私たちの本当の姿、お釈迦さまのように完全円満で健やかな姿に気づくことです。

しかし、どんなに真剣にお題目を唱えたとしても、『私たちの心こそ妙法蓮華経、お釈迦さまの完全円満な久遠の生命《いのち》そのものである』と深く信じて唱えなければ、これはもう法華経の信仰ではありません。これでは、私たちの本当の姿に気づき、人生の苦を解決することはできません。

お題目を唱える肝要は、『私たちの心こそ妙法蓮華経、お釈迦さまの完全円満な久遠の生命そのものである』この心構えです」(『一生成仏鈔』筆者意訳)

と語られ、私たちの健やかな生き方、その人生を養う方法を示されています。

このように日蓮聖人のお言葉に従って、「私はお釈迦さまの完全円満な生命そのものである」と心を調え、肩の力を抜き、おなかでゆったりと呼吸しながら、朗々とお題目を唱えて、ご自身の健やかな人生を養うことができれば、「死後のゆくえ」の心配はいりません。

## 信仰による癒しの現代的な意味

ところで、このような信仰について、2001年の春に開催された第1回日蓮宗「教化学研究発表大会」の特別講演「世紀転換期の宗教家」で、筑波大学の精神科教授（当時）小田晋博士は「日本において心身症や神経症の患者の大部分は、いままでは新興の宗教によって救われてきたといっても過言ではない」と述べられ、いままで宗教が現実の社会に根づいてきたのは、古典的な伝統や文化遺産の継承ということばかりではなく、地域社会の心の病にたいする精神治療的な役割をしっかりと担ってきたからであると言い、そしてその癒しは修行の実習によっていたことを指摘されました。

実際に私が自坊に開設した「悩みごとカウンセリング・ルーム」でも、悩みごとをたくさん抱えて苦悩する方々に、祈禱という「癒しの祈り」や、とくに身体的訓練の浄心行を自按摩《じあんま》（ヨーガ）や呼吸法で充実させた唱題行を臨床的に指導しますと、3か月ぐらいで、遅い方でも3年ほどの実習によって、身体と心の不調や不安が消失、または軽減し、心の病にたいする精神治療的な癒しが実現しています。

それは、信仰とは現実に根ざした私たちの健やかな生き方を実現する道であるということを、はっきりとものがたっているようです。

# 言葉のもつ癒しの力

## 言葉と癒し

私自身の大反省を踏まえながら、言葉のもっている癒しの力についてお話ししたいと思います。

自坊に「悩みごと相談室」を開設して久しい歳月が流れていますが、その間、ずいぶん多くの方々と面談をする機会に恵まれたお陰で、言葉のもつ力の大きさに驚かされています。

端的に、人は自分自身の言葉によって癒されもすれば、傷つきもすることをお話ししたいと思うのです。

言葉といいますと、その人の感情、個性が重要な意味をもっています。なんといっても感情が言葉の善し悪しを左右しますから、当然といえば当然のことです。

仏教では、この個性的な問題をカルマ（業）と呼んでおり、そして、「このカルマの解決のために仏教の修行がある」といっても過言ではありません。

## 言葉と個性

ここで少し人の個性、感情的な癖について、仏教の専門用語を離れて現代的な心理学の言葉でお話ししますと、20世紀の初め、私たちの心の中には、この地球に住む全人類に共通する心、集合的な無意識の感情があることを発見した心理学者、ユング博士はその著書『タイプ論』の中で、人の個性を4つに分類して、その感情の動きについて論及しています。

ユング博士は、とくに感情の動きを分析することで、個性を①外向的性格、②内向的性格の2つに分けています。
①外向的性格　気持ちが外へと向いていて、仕事なども精力的にこなすタイプ。
②内向的性格　気持ちが内へと向いていて、わりと温厚でもの静かなタイプ。

さしずめ私などは①の外向的性格、短気でせっかち、都合が悪くなるとすぐに怒鳴るなどの悪弊をはらんでいますから、感情的には浮き沈みの激しいタイプといえます。少し専門的なことをいいますと、このタイプは心臓などを活発に動かす交感神経系が優位になっているので、とても行動的に働きかけ、まわりの出来事と活発にかかわることで自分自身を支えようとします。

ですから、まわりと積極的にかかわりながら自分を確認しており、ときとしてその積極的な自己の確認行動が阻害されると、自分の意識基盤、少々大げさですが自分の存在基盤の危機が訪れるわけですから、当然そこには怒りの感情が湧き上がり、それに持ち前の攻撃性が発揮され、なんとか自分の意識基盤を維持しようとがんばるわけです。つまり、このタイプの怒りには必然的な意味があるわけです。

と、ここまでお話ししてきて、いま気づいたのですが、これまでのお話はまるで私自身の怒りやすい性分を、なにか専門的な言葉でうまくごまかそうとしているようで、まことにお話しづらいのですが、実際、この外向的性格の人は外界からの情報に敏感に反応することで、自分の意識を確認し、自分自身を支えているといえます。

換言すると、外向性タイプは自分自身の内側からの情報には疎く、外界からの情報に動かされているといえます。

この性格とはまったく正反対のタイプが②内向的性格です。このタイプはわりと温厚でもの静かな人が多く、なにをするにもゆったりとしており、自身の内側の情緒的な情報が優先されます。このタイプの弊害は、場合によって心理的に鬱《うつ》傾向になりやすいことが上げられます。

## 個性と病気

これらのタイプは、心の面ばかりではなく身体の面にも現われており、たとえば外向性タイプは心臓などの循環器系、内向性タイプは胃腸系の病気にかかりやすいことが知られています。

内向性タイプの胃腸系の病気については、その典型的なものとして、拒食症や過食症などの摂食障害が上げられます。

このような方々は、外向性タイプがまわりの人びとと競いあうという緊張がストレスとして心臓にかかってしまうのにたいして、内向性タイプは自身の日常生活の情緒的な安定感が壊されると、そのストレスが自分の内側の情報で最も基本的な食欲に向けられ、まわりと競いあうことをせずに拒食や過食という摂食の異常を通じて自分を表現するのです。「まさか、そんなことはないでしょう」と思われる方がほとんどでしょうが、これは事実なのです。

ところで中国医学では、この心と身体のタイプの相関性を端的に説明しており、外向性は心包・三焦経のタイプ、内向性は胃・脾経のタイプに相応しているといわれています。

## 中国医学の心と身体の説明

ちなみに、外向性の怒りやすい性分は、肝臓にかかわる肝経機能の昂進した状態を意味しております。アルコール依存症の方に易怒性が見られるように、ごく普通の方であっても年末などにアルコールが入った勢いで失敗した例は枚挙にいとまがありません。

このような心の状態になりますと、肝経と対をなす胆経は「肝胆相照らす」といわれるように、五行では同じ木星にあたる胆経にかかわる右の肋骨の下あたりが痛み、心の状態が身体症状へと具体化していきます。

内向性の陰鬱な気分は、胃の働きとかかわる胃経機能が抑制された状態をつくり、五行では同じ土星にかかわる脾経の消化力を落とし、食欲不振などにおちいり、やがて口の回りに小さな潰瘍ができたり、胃がきりきり痛んだりして、やはり心の状態が身体症状へと具体化していきます。

## 優しい言葉は病を癒す

これら心と身体の相関関係を踏まえて、言葉のもつ癒しの力に触れてみたいと思います。

癒すということは、良い心を育むことですから、生命を育む言葉、つまり「すばらしい！」「ありがたい！」「えらいね！」「美しいね！」などの肯定的、健全な言葉で自分自身や周囲に語りかけていると、不思議にも私たちは、心にしても身体にしても癒されてきます。

実際、カウンセリング・ルームで問題のある方々とお話しをしておりますと、良い心を育む癒しの言葉とはほど遠い言葉が返ってきます。

たとえば、不登校の児童をもつ母親が「本当にうちの子はグズで困るんです。先生、見ておわかりになりますでしょう。学校の友達にもいじめられたり、お金をせびられたり、まったくドジなんです！」と眉間にしわを寄せて言ったとき、これではこの母親の子どもさんが病んでしまうのは当然と、誰でも思われることでしょう。

そして、その母親自身も、自分の話す言葉によって慢性的に傷つけられて、おそらく血圧など循環器系の病で苦しんでいるはずです。

まさしく、心と身体の相関関係がものがたるとおりです。子どもさん、そしてご自身を癒し育むためには、「すばらしい！」「ありがたい！」「えらいね！」「美しいね！」と肯定的な言葉で子どもさんに語りかけることが必要なのです。

しかし、言葉は個性からくる感情によって支配されていますから、なかなか健康的な言葉ばかりは言えず、ついには攻撃的であったり陰鬱な悪感情に流されてしまいがちです。

このようなときは、言葉を口にする前にワンクッション置いて、「すばらしい！」「ありがたい！」とか、お釈迦さまの言葉であるお経とか、お題目を唱えることです。不思議にありがたく心が育まれ、そして癒されて、自然な言葉が出てくるものです。

日蓮聖人は「他事を捨ててただ『南無妙法蓮華経』と唱えるべし」という言葉を残しておられます。

自分のカルマ（業）に流されないように、日々少しずつ気をつけていくことが、一歩一歩、久遠《くおん》の生命《いのち》に育まれ、癒される近道です。

# 母と信仰

## 赤ちゃんから見た母のイメージ

近年、医学の進歩にともない、さまざまな病気の原因として、幼いころどんなふうに母親に育てられたかという、母子関係がクローズアップされてきました。

たとえば、慢性的に胃潰瘍など胃腸系統の病気にかかりやすい人は、幼いころ、お母さんの豊満な乳房での安らぎが不十分であったこと、心臓など循環器系統の病気にかかりやすい人は、やはり幼いころ、おしめを無理やりに取られるなどきびしく仕付けられたことなどが上げられています。つまり、子どものころにお母さんと気持ちよい体験をどれだけたくさんしたかが、成長してからの心や身体の健康を左右するというのです。

これから、私自身の心を瞑想によって深く探りながら、超感覚的な気分でお話ししてみたいと思います。

まず、世間に適応して荒々しく揺れ動いている粗雑な心を静めて、子どものころ、それももっと幼いころに母に抱かれていた、いやそれよりも、もっともっと過去へと思いを深めていくと、母親の胎内で温かく安らいでいたころの感覚的な記憶が、快感として蘇ってきます。

## 産まれる苦痛

やがて十月十日《とつきとおか》が近づくころ、ずいぶんと母の胎内も窮屈になり、産道が開いたころ陣痛が始まり、ここで人生最大の生命的な危機を迎えた記憶も蘇ってきます。

なにせ、これまで温かなお母さんの羊水にぷかりぷかり何か月も気持ちよく浮かんでいたのに、突然、子宮が収縮を始めたものですから、もうパニックです。すごい圧力で押さえつけられて、ほとんど仮死状態で産道を通過し、産婆さんにお尻をたたかれて、苦痛と恐怖の中で産声をあげたしだいです。

## 母との出会いは安らぎ

ただ唯一の救いだったのは、「怖いよー、痛いよー」と産声をあげたあと、母の温かく豊満な乳房です。そこに、胎内にいたころの匂い、リズミカルな心臓の鼓動、なんとも気持ちのよい安心を感じました。夢中で母の乳房を口いっぱいに含み、お乳を吸い恐怖と苦痛を忘れようとしました。幸いなことに、恐怖と苦痛は温かい母のお乳でおなかがいっぱいになるころ、もう忘れていました。

自分ではなにもできない無力な赤ん坊は、ここで大切なことを学びました。怖かったり気持ちが悪かったら、お母さんの豊満な乳房を求めて泣けば、どんな苦痛も怖くないということを……。

そしてしばらくの間は、おなかがへったり、おしめが濡れたり、眠かったりしたとき、母を求めて温かい乳房を求め、気持ちよくオッパイを飲み、おなかがいっぱいになるとホッとして母にほほえみかける。母に身体を揺らしてもらいながら眠る。しばらく休んでは目を覚まし、安心して母の顔を見ている日々がつづきました。

## 母への絶望

そんなある日、とてもつらい事件が起きます。大人と比べるとまったくひ弱な子どもは、些細なことで傷ついてしまいます。

赤ん坊の「オッパイ」「抱っこ」といった生理的な欲求は、気持ちよくなりたい快感の欲求ですから、その快感が一度でも無視されると、その欲求は苦痛となり、心の怪我となって、痛みとして経験されます。しかも、子どもにはその原因がわからないどころか、「この痛みは自分が悪かったからだ」と自責の念へとふくらんでいきます。……

あのとき、たしかにおなかが空いて泣いていた。お母さんを呼び泣いていた。お母さんはなにかの用事で気持ちが急《せ》いていた。子どもは大好きだったが、とにかく今日は忙しかった。それに、姑とも夫のことで一戦交えたばかりで、とても苛立っていた。

母は叫んでいる私を見ても、気短な反応しか見せなかった。いつもはオッパイなのに、急いでほ乳びんで熱いミルクをつくり、ろくに温度もみずに、怖い顔をして私を乱暴に抱き上げながら、熱いミルクを無理やりに飲ませた。拒んだけれども、熱いミルクが咽《のど》を通った。

このとき、私の期待は大きく裏切られ、深く傷ついた。気持ちのよい快感を期待していたのに、快感の代わりに痛みが与えられた。

怖いとき、痛いとき、優しく守ってくれるはずの母が、私を拒み、「私は忙しいの！」という非難がましい態度を見せたことで、「優しいお母さん」「温かい乳房」は壊れてしまったと、痛みとともに記憶に留まった。

さらに、「お母さんのあの非難めいた態度は、おなかが空いたからいけないんだ！」と、自分自身の痛みは自分のいたらなさ、自分の罪であったと感じてしまった。「もしかしたら、おなかが空くのはよくないことなんだ」と。

つぎにおなかが空いたと感じたときには、無意識のうちに不安感がよぎり、空腹を罪として我慢していた。しかし、母が授乳の時間に気づき、オッパイをたらふく飲ませてくれた。そして、満腹になって乳房から離れたとき、お母さんを見てほほえんでしまった。

このとき、母は私が喜んでいると思ったが、じつは優しいはずのお母さん、温かいはずの乳房が壊れないように、お母さんに認めてもらうためのお愛想のほほえみだった。……

生まれ落ちたばかりの赤ん坊の「オッパイ」「おしめ」「眠い」という欲求は、純粋で無垢な当然の反応です。

ところがこの経験によって、私の心の中に媚びる心が芽生えました。自分の無垢な欲求に「オッパイを飲ませてくれるだろうか」という緊張が生まれ、その緊張を解消するためにほほえみかけて媚びるなど、本来ならば不必要な、余分なエネルギーを浪費してしまいました。

赤ん坊は自分の健全な欲求を恐れ、母を恐れるようになるのですが、また同時にその母をできるかぎり理想化するようになります。赤ん坊には生きのびるためにそれが必要であり、母にほほえみかけて媚び、エネルギーを浪費するようになります。

そして、このころから私は風邪をひきやすくなり、よく熱を出し、その後に中耳炎になるなど、ひ弱な子どもになりました。

それは、心と身体の健康的なエネルギーが不足しはじめたからなのです。

## 優しい母の代用品

それからまたしばらくして、これらの緊張は解消するどころか、悪循環におちいり、ますます緊張する羽目になりました。……

私がまた「おなかが空いた」と眠りのまどろみの中で感じたとき、あの不安感が蘇ってきました。そして、その不安感は空腹とともにふくらみはじめましたが、自責の念として我慢を強いました。けれど空腹感が増すにつれて、その欲求は怒り、絶望、憎悪という悪感情へとふくれあがり、私はこの感情と闘う手だてを探さなければなりませんでした。

まず初めに、身構えて身体を緊張させると楽になることを経験し、つぎに、いつも変わることのない優しいお母さんの代用、毛糸のボンボンを口のまわりにこすりつけることも学びました。

こうして、不安や痛みにたいする恐れより欲求が強くなると、毛糸のボンボンで妥協し、絶望におちいることを避けていました。……

いまから思い起こすと、後年、幼稚園に進んだころ、小さなハンカチを手放せずに、口の中に入れて出し入れしていたのも、このためだったと思いあたります。

このお話はこのあたり、1才になったころまでで終わりにしますが、いかに母とのかかわりが大切であるかということと、赤ん坊の心の動き、大人にとっては些細なことが、赤ん坊にはとんでもない苦痛、絶望的な念いであることを知ってもらいたいのです。そしてまた、この幼児体験が私たちの後年の不幸へと発展していくことをお知らせしたいのです。

では、このような幼児体験で傷ついてしまった心を癒すためには、どのようにしたらよいのでしょうか。

## 信仰の意味

信仰とは、個人的なお母さんを離れて、私たちの生命《いのち》そのものを育んでくださっている大いなる生命、仏教的には久遠《くおん》の生命に抱かれることです。

傷ついた心を、大いなる久遠の生命におまかせすることです。

久遠の生命、ご神仏さまの御前で合掌し、一生懸命おすがりして、「一族の業が浄まって、みんなが幸せになりますように、みんなの魂が成長しますように」と、裾野の広い大きなお祈り「浄業の祈り」を実践すること、合掌して心を静め、朗々とお題目を唱えることです。

この祈りが実践できない方は、「利己的な心」によって心も身体も緊張してしまっている場合がほとんどですから、まずご祈禱によって心も身体もリラックスさせてから「浄業の祈り」を実践しましょう。

「利己的な心」によって緊張している方々は「浄業の祈り」が続きませんから、「無心」が獲得できないのです。日蓮宗には寒中一百日の大荒行があり、修行者はその荒行で加持祈禱の行者になります。私も荒行の五百日を終えた免許皆伝者ですから、ご祈禱をします。ご祈禱を受ける方々は、読経の声、祈禱肝文の声、さらには加持木剣《ぼっけん》の打ち出す音を合掌して寂黙《じゃくもく》しながら聞いているだけで、それまで騒がしかった「利己的な心」が治まり「無心」が獲得できる。それで心も身体も緊張から解放されるというわけです。

緊張から解放されることで、リラックスして「浄業の祈り」が実践できるのです。

# 仏典に見る家庭内暴力

## 母は安らぎの代名詞

自坊や東京でも「悩みごと相談室」を主宰して相談ごとを受けていますと、多くの方々の不安な心やさまざまな問題の裏側に、お母さんの存在が見え隠れしていることに気づかされます。

お母さんは太古の昔より太陽とされたり、恵みの大地とされたりして、子を生み育てる神秘的な力があると崇拝されてきました。

この偉大なる母の存在は、著しく科学が進歩した現代であっても変わることなく、その強い影響力を保っています。男性には子どもを産むことはできませんし、育児にどんなに協力しても、それはあくまでも母親の代用ですから、原体験としてのお母さんのもとへとかならず戻っていくものです。
それだけ、お母さんは偉大な力の持ち主なのです。

## 仏典に見る家庭内暴力

2000年もの昔の仏典の中に見られる、現代でいえばさしずめ、アトピー性皮膚炎に苦しむ若者の家庭内暴力、そして、それに関わる母子関係にまつわるお話をお伝えしたいと思います。

この逸話は、『涅槃経《ねはんぎょう》』『観無量寿経《かんむりょうじゅきょう》』などの仏教経典をモチーフとして、精神医学者の古沢平作氏が母性の働きについて分析した心理ドラマです。これは「阿闍世《あじゃせ》コンプレックス」と呼ばれますが、そこには母性の剥奪が子どもの心にどのような影響を与えるかが、まさに現代をものがたるように切々と示されております。そのストーリーの骨子をご紹介します。

中央インドに強大なマガダ国があり、国王は頻婆娑羅《びんばしゃら》といい、王妃を韋提希《いだいけ》といったが、2人には子がなかった。国王は子なきを憂い、王妃は自らの容色の衰えとともに頻婆娑羅王の愛情が第2王妃へと心変わりするのを恐れ、王子が欲しいと強く願うようになった。

思いあまって相談した予言者に、毘富羅山《びふらせん》に住む仙人が3年後に亡くなり、生まれ変わって王妃の胎内に宿る、と告げられた。しかし、王妃はその3年が待てず、その仙人を殺害する。

そうして身ごもった子がのちの阿闍世であり、そして、王妃にとってこの阿闍世は、すでに母のエゴイズムで一度は殺した子ども（仙人）なのであった。

しかもこの母は、懐妊し身ごもったものの、おなかの中の仙人（阿闍世）の怨みの恐ろしさに耐えきれずに、堕胎しようとさえした。やがて月が満ちて出産のときも、高い塔から産み落として殺そうとしたともいう。

そうして月日は流れ、阿闍世は何事も知らぬまま、世間の目には父母の愛に満たされた日々を送っているように見えていた。

父王頻婆娑羅は独りの太子阿闍世に理想を求め、太子に国王たるべき薫陶を与え、母の韋提希は頻婆娑羅王の願いを実現させるべく太子を励ましつづけ、父の偉大さをことあるごとに誉め称えていた。

阿闍世はもともとひ弱でおとなしく聞き分けのよい子であったが、長ずるに及んで皮膚の弱さが慢性化してボロボロとなり、そして暴力を振るいはじめ、攻撃的な一面を見せるようになった。父王は国王となるべき阿闍世に、その強さも必要だと言っていたが、その攻撃の矛先が自分へと向き、それが家臣の中の不穏分子を巻き込むクーデターへと発展した。阿闍世は、結果的に父王たる頻婆娑羅を殺害して王位を奪取し、母を幽閉した。

しかし阿闍世は、父王を殺害したことに強い罪悪感を抱き、全身臭い膿を出す皮膚《ひふ》病にかかり八方手を尽くしたが、いっこうに治らなかった。

やがて、幽閉されていた母の韋提希は、お釈迦さまに救いを求めた。「どのような因縁であのような罪深い子を産んだのか？」との韋提希の問いに、お釈迦さまは「いま皮膚病で苦しんでいるわが子の阿闍世を見舞いなさい」とのみ答えた。

韋提希はしぶしぶ阿闍世を見舞うが、わが子のあまりに変わり果てた姿に愕然とし、悪臭のため誰も近寄らなくなったわが子を献身的に看病した。

しばらくすると阿闍世の病は癒え、あれほどまで鬼のように荒れ狂っていた心も和らいできた。やがて、阿闍世は仏教に帰依し、国は栄えたという。

以上が簡単なストーリーですが、まさに現代の家庭内暴力を彷彿とさせます。

## 暴力と皮膚病の原因は

阿闍世が父を殺し母を幽閉する一番の原因は、母の韋提希の心の内にあります。自らが命じて殺させた毘富羅山の仙人、その魂が生まれ変わってわが子の阿闍世となったのですから、当然そこには怨みがあります。

韋提希は自らの罪悪感から「仙人の生まれ変わりである阿闍世は私を怨んでいる」と思い彼を拒みますが、これは生まれる以前からの怨み「未生怨《みしょうおん》」と呼ばれています。

韋提希はこの未生怨によって、わが子の阿闍世を優しく抱くことも、乳房を含ませることも、愛らしい笑顔に応えることもできなかったことがうかがえます。

「わが子をしっかりと抱きしめたい」と思っても、怖くてそれができなかった韋提希の心中のほどが察せられます。

子どもが身心ともに健やかに成長する基本は、なんといってもお母さんから与えられる無条件の安心感にありますから、結果的に阿闍世は母韋提希に初めから拒まれ、安心感を知らずに育ったことになります。

そのため阿闍世には、小さなころからお母さんのオッパイの温かさを求める心の生理的な象徴のアトピー性皮膚炎があり、物心がついたころからは、父の理想を実現するために母に尻を叩かれてきたのです。

がんばってきた良い子に限界がきたとき、その怒りは暴力的に爆発し、父を殺害し母を幽閉するという結果を生んだというわけです。

## 母の愛が子を癒す

では、なぜ阿闍世の病は癒えたのでしょうか？　お釈迦さまは、母の韋提希に「見舞いに行きなさい」と言っただけでした。

ここにも母の大いなる力が働いています。わが子の醜く変わり果てた姿、悪臭のためかに誰も近寄らなくなった哀れな姿を目にして、韋提希の母性が目覚めたのです。

自らの罪によって子どもが「未生怨」を抱いたことで、拒みつづけてきた阿闍世への愛を取り戻したといえます。悪臭のために誰も近寄らなくなったわが子を献身的に看病し、その献身ぶりは誰もが認めるもので、皮膚が破れた阿闍世の身体の膿を自身の口で吸い取るほどだったといいます。

阿闍世は、父を殺し母を幽閉した罪深い、許されることのない自分を、あの母が献身的に看病してくれている、と感動します。ここにいたって、阿闍世は「母の愛を求めてさまよい歩く子ども」から、やっと脱出できたのです。

## 信仰は大いなる母の温もり

信仰とは、このような母の温もりに子どもが抱かれるように、個人的な母の温もりを離れ、私たちの生命そのものを育んでくださっている大いなる生命、仏教的には久遠の生命に抱かれることです。

傷ついた心を、大いなる久遠の生命におまかせすることです。

久遠の生命におまかせすることを『妙法蓮華経』の要文では、安穏にして快い存在になる（安穏快楽《あんのんけらく》）、もろもろの患いなき存在になる（無復衆患《むぶしゅうげん》）と示されます。この二つの言葉の原語はインドの宗教用語、スヴァースタ（健康）で、まさに久遠の生命におまかせするということは、健康になることであり、健康である自分に気づくことなのです。

私たちは祈りによって、大いなる母の温もりに抱かれて健康になるのです。みんなが幸せになりますようにと、裾野の広い大きなお祈り「浄業の祈り」を実践し、合掌して心を静め、朗々とお題目を唱えましょう。

# 祈りで病気が治る

# 病気の原因とその治し方

## 病気のもとは心

現代は医学がものすごく進歩して、人の寿命が年々延びています。

多くの人が「死ぬのはイヤだけれども、薬と機械のお陰でただ生かされているだけというのはもっとイヤだ！」と言うほど、延命医療の技術が急速に進んでいます。

そして、このように高度に発達した現代医学は、たんに身体的治療だけではなく、「病気とは気持ちを病むこと」といわれるほど、病気には心の問題、ものの感じ方、考え方、生活の仕方が密接に絡んでいることをも発見し、それにもとづく治療技術の新しい流れが始まっています。

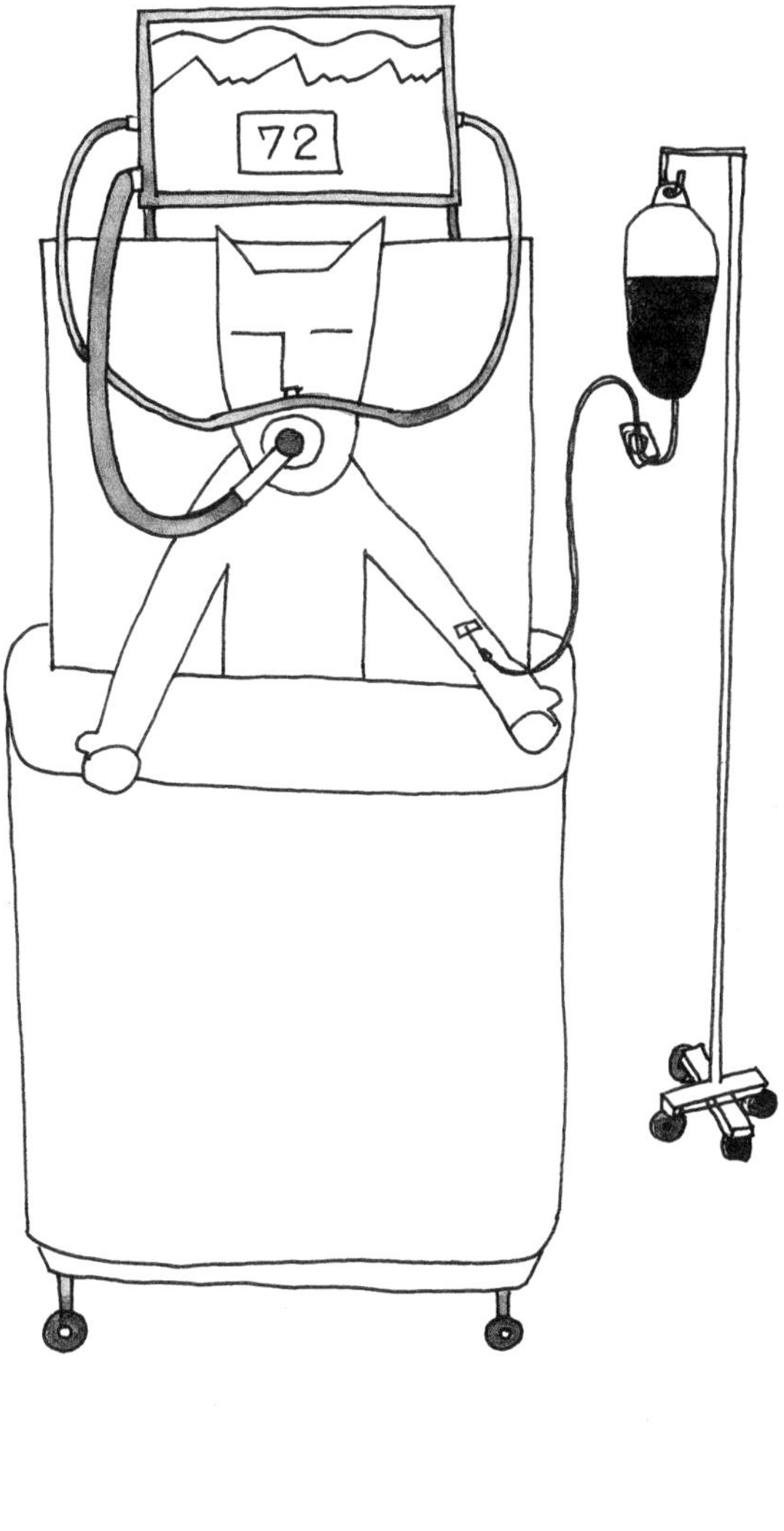


151　祈りで病気が治る

## 病気の治し方の基本はリラックス

仏教は、このような私たちの心の問題がもとになっている病気の治し方を今日に伝えていますので、この仏教に見られる病気の治し方の実際についてご紹介したいと思います。まず、仏教の修行を通じた「病気の治し方」の基本は、心と身体の緊張を取り除いてリラックスするためのコツのことなのです。

修行によって心と身体がリラックスしますと、私たちの心の中に気づかずに隠されている《緊張感》、それは私たちの感じ方の誤りであったり、考え方の誤りであったり、行ない方の誤りであったりするのですが、そんな日常生活の誤った習慣を改善することができるようになります。

ですから、修行とはまさに誰もが幸福になり、そして健康な生き方を獲得するためのプロセスとでもいいましょうか。

修行というと仰々しく聞こえますが、要は「南無妙法蓮華経」のお題目をありがたく唱える信仰に支えられた日常生活のことなのです。

153　祈りで病気が治る

## 心の2つのポケット

「病気を治す3つの訓練」に入る前に、なぜ心が病むのかについて喩《たと》えを用いて簡単に触れておきます。

まず、心によって心が病んでいったり、心によって身体が病んでしまったりするのが、神経症や心身症と呼ばれる心の問題が深くかかわる病気なのです。

これには、夜なかなか寝つけないとか、学校や会社に行きたくないとか、胃炎や胃潰《かい》瘍《よう》、血圧や心臓、喘息《ぜんそく》など身体に不安をもっているなどが上げられ、そう言われると思い当たる方も少なくないと思います。

このような心の病におちいる原因は何かといいますと、心をこんなふうに喩えてみるとわかりやすいでしょう。

私たちの心には2つのポケットがあります。その1つは快い気持ちをいつでも取り出せるようにしまうポケット、もう1つは不快な気持ちを見えないように隠してしまうポケットです。

そして、この不快な、悲しく不安な気持ちを見えないように隠している2つ目のポケットが、不安な気持ちで一杯になってしまいますと、本人は無自覚なのですが、どうにも心が重くなってきます。また隠しきれない不安な気持ちは、情緒的に不安定な気分として意識され始めます。

やがて、このポケットに隠され一杯になった不快な気持ちに耐えきれなくなったとき、それがストレスとなって心の病が発症することになるのです。

また、ポケットに隠された不快なストレスが高じて身体の緊張へと進みますと、心身症的な慢性病の発症につながっていきます。

## 病気を治す3つの訓練

病気を治す信仰のプロセスには、前（92～93頁）でも少し触れたように、つぎのような3つのテクニックがあります。

### 信仰の3つのテクニック

①〈道徳的訓練〉のテクニック
「戒《いまし》めをたもって心と身体が落ち着ける生活環境を実現する」

②〈身体的訓練〉浄心行《じょうしんぎょう》のテクニック
「呼吸を調えながら身体を安定させる」

③〈精神的訓練〉正唱行《しょうしょうぎょう》のテクニック
「心をご神仏さまに向けて集中する」

これらの3つの段階によって、私たちの中に眠っている健やかな生命《いのち》を導き出すのです。

## ①〈道徳的訓練〉のテクニック

まず〈道徳的訓練〉として「戒をたもって心と身体が落ち着ける生活環境を実現する」ことが、なぜ必要なのでしょうか。

私たち自身の心の中をよく見つめてみますと、誰もがなかなか気づくことができない、病気の原因となる《緊張感》があるものです。

それは、遠い過去から悪い生活習慣として積み重ねられた誤ったものの感じ方、考え方によるものです。しかし、私たちが苦しみを感じたとき、「私はなにも悪くない！」と思っていて、その苦しさは環境とか他人が原因であるように意識されます。

実際に人間は弱いもので、

なぜ、私は家族と仲良く生活できないのか？

なぜ、私は子どもたちと仲良くやれないのか？
なぜ、子どもが悪い宗教に入信したのか？
なぜ、私は夫（あるいは妻）と仲良くできないのか？
なぜ、私は地域社会でうまくやっていけないのか？
なぜ、私は職場のなかに敵が多いのか？
なぜ、私の家には病人が多いのか？
なぜ、私の子どもはなかなか結婚できないのか？
なぜ、私は二度も三度も失恋（あるいは離婚）するのか？

などの現実的な問題に直面しますと、あちらこちらへと思いを巡らせ、このような現実苦にたいして、「あいつが悪いから」「このことが悪かったから」などと理由をつけ、なんとか楽になろうとします。

しかし結果的に、そんな責任転嫁のようなことでは少しも楽にならないものです。

## 道徳的訓練

そして、そこでは性懲《しょうこ》りもなく「楽になろう、楽になろう」と、どこかに理由を見つけて「あれが悪かった」「これが悪かった」と悪循環が始まってしまいます。

とどのつまり、「あいつが悪い」「こいつが悪い」と思い煩ったり、またその思い煩いをなんらかの方法でごまかしたりしたとしても、その心の緊張はそのまま身体の緊張となり、心と身体の緊張が悪循環を始めます。

その意識されていない《緊張感》は、先ほどの「病気とは気持ちを病むこと」という意味で心身を病んでいきます。

ですから、いま病気の人、また病気がちの人は、意識されていない《緊張感》を抱え込んでいるので、その解決には〈道徳的訓練〉として

「人の悪口を言わず、人の悪を責めずに、この苦しみは、自分の悪業《あくごう》(悪い行為)やそれに起因する恐怖心などによってつくられた」

と気づくことが先決です。なかなかむずかしいことですが、自分を反省することが大切なのです。

## お題目の光明に照らされて

しかしながら、もうすでに意識されない《緊張感》に支配されている方々は、なかなか緊張による悪循環から抜け出せずに、病気がちになりながらも「あれが悪かった」「これが悪かった」と言いながら、自分自身と向き合うことができないものです。

そんなときには、まず自分だけの幸せを祈らずに、ご神仏さまがみんなの幸せを願うような念《おも》いで、朗々と「南無妙法《なむみょうほう》蓮華経《れんげきょう》」のお題目を唱えて、真剣に祈ることです。

また、これについては③〈精神的訓

練〉正唱行のテクニックのところで詳細に述べますが、お題目を唱えるときには、大きな暖かい光をイメージしましょう。『妙法蓮華経《みょうほうれんげきょう》』を万物を創り守りつづける「神の光明《こうみょう》」として「南無《なむ》」といただいてください。私たちの身体に中に、すばらしい生命エネルギーが湧き上がってくるはずです。

そのエネルギーは滞《とどこお》った生命エネルギーの流れを調え、病気がちな身も心も癒してくれることでしょう。なぜなら私たちの身体と心は、すべてお釈迦さまの久遠《くおん》の生命《いのち》、永遠のエネルギーにつながっているのですから。

（お題目の唱え方のわからない方は、本書付属の「独習用CD」に私の唱題行を収録してありますので、それをご参照ください。

また、どうしてもお題目になじめないという方は、「南無三宝《なむさんぼう》」でも「南無釈迦牟尼仏《なむしゃかむにぶつ》」でも、あるいは簡略に「お釈迦さま」でもけっこうです。なんでもよろしいのですが、脱日常の訓練をするのですから、日常性を超えた聖なるもののほうが、祈りの効果がより期待できます。）

す。

## ②〈身体的訓練〉浄心行のテクニック

つぎに〈身体的訓練〉として「身体を通じて心をリラックスさせる訓練」が求められます。

さきにお話ししましたように、心の緊張は身体の緊張となり、また心を苦しめ始めますので、まず身体の緊張を解放してから、心をリラックスさせる必要があります。

つまり、私たちは日常、仕事やら遊びやら雑事やら、どちらかというと心的なことばかりに偏《かたよ》り過ぎてしまって、身体の感覚をなおざりにする傾向があります。

この「自分という心」と「身体の感覚」との間にあるギャップが心身を病む元凶、すなわち意識されない《緊張感》なのです。

簡単にいいますと、これはほんの1例ですが、食事の場合では、1日に3食という観念にしばられ、空腹にならないうちに食事をしたり、また、調味料などで食べやすく味付けをすることで、必要以上に食べ過ぎてしまいます。

睡眠についていえば、身体が睡眠を求める時間になっても、テレビや雑誌、音楽などに夢中になって、昼夜が逆転したような生活をしていても平気でいるなど、例を上げればばいくらでもあります。

ですから、このような《緊張感》を解消するためには、〈身体的訓練〉として身体の緊張を解きほぐしながら、「身体に聞いて心を調える」必要があります。

具体的には、つぎのようにやりましょう。

（一）仏間などの静かな場所を選んでください。
（二）座る前に、身体の筋肉と関節を伸ばす――大きく背伸びをする。手首、足首などの関節を入念に回す。手のひら、足の裏を念入りに揉《も》む。首をゆったりと回す。そして、大きく深呼吸をする――身体のコリを取りのぞき、「気」と血液の循環を促す。
（三）楽な姿勢（無理なく安定した姿勢）で座る。ただし、背筋はまっすぐにする。そして、手のひらは上向きにし、軽く太腿《ふともも》にのせる。
（四）軽く目を閉じる。口も軽く結び、舌を顎《あご》に軽く付ける。
（五）頭から足に向かって順に筋肉の力を抜く（瞼《まぶた》、頬《ほほ》、顎、首筋、肩、胸、腹などの順）。力の抜けないところは、一度力を入れると抜きやすくなります。

（六）　初めは意識的に呼吸をする。呼吸は吐く息が基本なので、まず身息といって身体についた息を下腹をへこませて吐き切る。そして、下腹でゆったりと大きく呼吸をする。吸い切ったとき、吐き切ったとき、会陰《えいん》（肛門のあたり）を絞める。そのうち身体と心がリラックスしてくると、呼吸は気持ちのよい自然呼吸となり、ゆっくりと浅くなります。呼吸数は1分間に7〜8回ほど（1呼吸7〜8秒前後）、心拍数は40回前後になり、血圧は最高血圧が10〜15ミリハーゲ（mmHg）下がります。

（七）　自然呼吸になり心身がリラックスすると、太腿の上に置いた手のひらが温かく感じられたり、上向きにした手のひらが重く感じられます。この感覚は右手から始まり、やがて身体全体へと広がります。これは身体の緊張が解放された証拠です。

（八）　この状態になると、不安な気持ちの隠された心のポケットの蓋が開けられ、心の解毒作用が始まりますので、悪癖やそれにもとづく恐怖心による不安、不快な思いを経験することがあります。これは修行が進んだ証拠で、心の解毒が終われば楽になりますので、自然呼吸や身体の気持ちよさに心を向けて、あくまでもリラックスに心がけていてください。——以上の〈身体的訓練〉には15分以上かけてほしいものです。

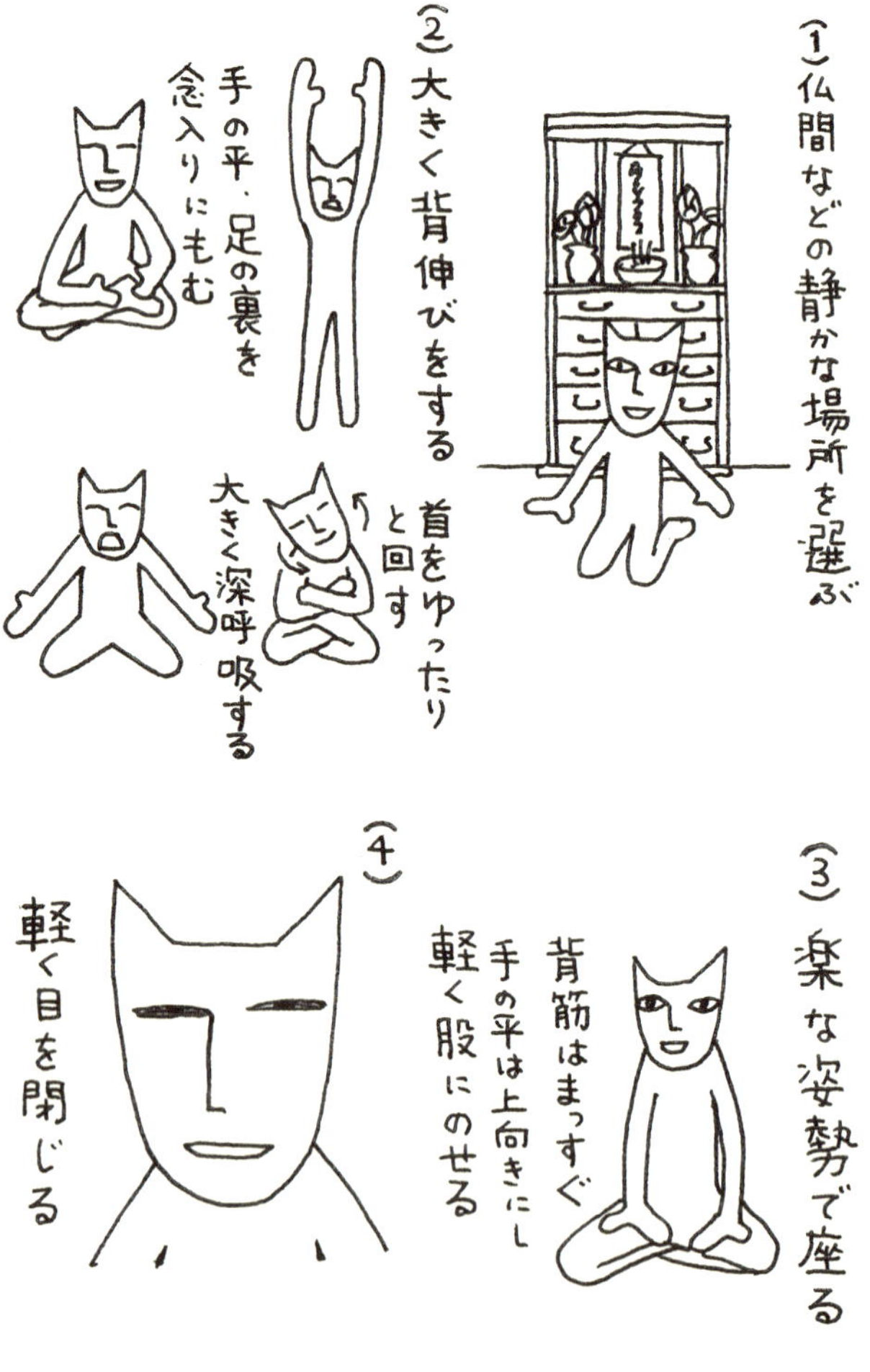

(1)仏間などの静かな場所を選ぶ
(2)大きく背伸びをする
手の平、足の裏を念入りにもむ
首をゆったりと回す
大きく深呼吸する
(3)楽な姿勢で座る
背筋はまっすぐ
手の平は上向きにし
軽く股にのせる
(4)軽く目を閉じる

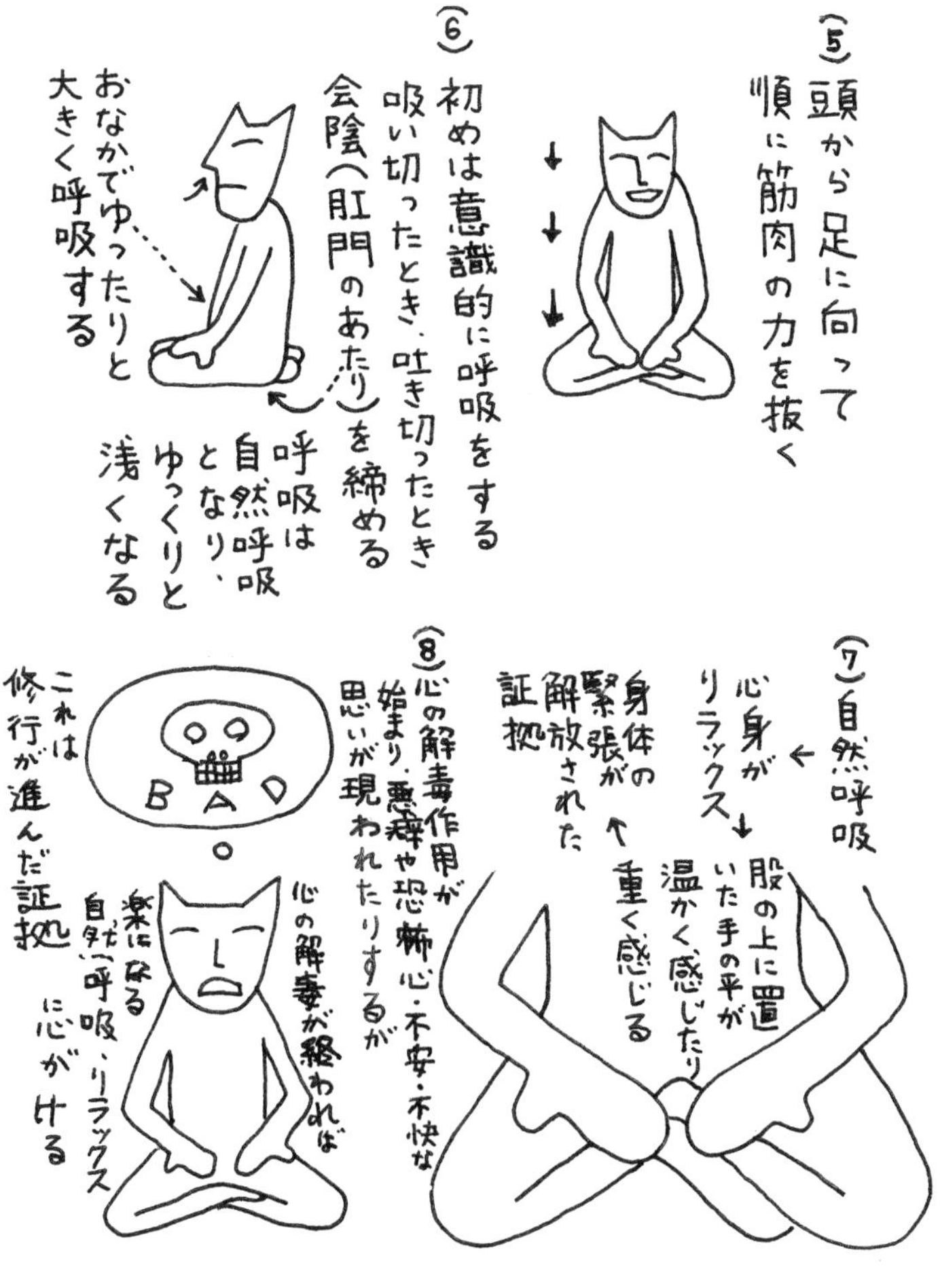
⑤頭から足に向って
順に筋肉の力を抜く
⑥初めは意識的に呼吸をする
吸い切ったとき、吐き切ったとき
会陰（肛門のあたり）を締める
おなかでゆったりと
大きく呼吸する
呼吸は
自然呼吸
となり、
ゆっくりと
浅くなる
⑦自然呼吸
心身が
リラックス
身体の
緊張が
解放された
証拠
股の上に置いた手の平が
温かく感じたり
重く感じる
⑧心の解毒作用が
始まり、悪辣や恐怖心・不安・不快な
思いが現われたりするが
心の解毒が終われば
楽になる
自然呼吸、リラックス
に心がける
これは
修行が進んだ証拠
BAD

## ③〈精神的訓練〉正唱行のテクニック

つづいて、〈精神的訓練〉として「完全円満なお釈迦さまの生命を、私たちの心の上に現わす」ことが求められます。

〈身体的訓練〉で心の解毒作用が始まりましたので、ここでは隠されていた私たちの本当の生命（神性、仏教でいう仏性《ぶっしょう》）を呼び覚ましましょう。

そのときの「呼吸や身体の気持ちよさ」に心をまかせて、「すばらしい！」「ありがたい！」という言葉を心に観念すると、仏性が呼び覚ましやすくなります。

しかしながら、ここまで誰の指導も受けずに一人で実習することは大変です。だいたい身体を通して心をリラックスさせる〈身体的訓練〉の段階になりますと、私たちが遠い過去から抱え込んできた恐怖心や、悪い条件づけであるカルマ（業）が浄化されはじめるため、かならず悪感情に悩まされるものです。

修行の解説書などには、「それは心の解毒作用が始まり、修行が進んだ証拠で、心の解毒が終われば楽になります」などと書いてありますが、実際にはそう簡単にいかないことが多くあります。

## 半行半坐三昧

ですからそのときには、〈精神的訓練〉として「南無妙法蓮華経」のお題目を一心に唱えることです。その方法をお伝えしましょう。

この修行方法は日蓮聖人《にちれんしょうにん》が示されたもので、専門用語では「半行半坐三昧《はんぎょうはんざんまい》」と呼ばれています。

いつでも、どこでも、だれでもが実習できて、悪感情などのカルマ（業）が知らないうちに浄化され、かならず健やかさが経験できるようになります。

具体的には、まず〈身体的訓練〉を通じて心身のリラックスを促進して、その

ときの呼吸や身体の気持ちよさに心を向けて、「すばらしい！」「ありがたい！」という言葉を心に念じるのです。

（一）右手と左手を合わせ合掌して、手の温かさを感じながら、この気持ちよさに心を向けます。そして、顎や喉《のど》の力を抜いて声帯をリラックスさせ、朗々とお題目をおなかから声を出す心持ちで唱えます。

（二）安定してリラックスできるお題目の速さは心臓の速さ、「ナム・ミョウ・ホウ・レン・ゲー・キョウ」の一音節が一鼓動の速さで、リラックスしてくるとそのリズムに近くなります。

（三）すると、妄念や悪感情がかならず湧き起こってきますので、そうなりましたら、湧き上がってくる感情的なものに心を向けながら、「このお題目で悪感情が浄化されて健やかになりますように！」と観念して、お題目を一心に唱えつづけてください。

（四）このとき、ご本尊の光明を心に観念して、この光明によって湧き上がってくる悪感情が浄化されるイメージに意識を向けます。

（五）　また、お題目を唱えつづけるときには、自分だけの祈りをせずに、「この業が浄化されて、みんなが幸福になりますように！」と、裾野の広い大きな祈りをすることが大切です。自分だけの幸福を祈るような利己的な心ですと、業が浄化されるときにかえって悪感情が増幅して、自分をもっと苦しめることになりますので、くれぐれも注意が必要です。

（六）　お題目を唱える声だけになりきっていると、自然に業が浄化されて心身ともに健やかになれます。——以上の〈**精神的訓練**〉には、20～30分かけてほしいものです。

（七）　終わりに、お題目をやめる順番を簡単に申しあげておきます。これまで心も身体もお題目とひとつになり、せっかく健やかに安定しているのですから、急に心も身体も動かしてはいけません。

まず心のほうからやめる準備を始め、つづいてくりかえし唱えていたお題目の速さを次第にゆっくりさせ、それからおもむろに止め、引き続きゆったりと大きく深呼吸をしましょう。そして、手や身体を確かめるように、心・呼吸・身体の順番で感覚が戻るように調えてから、静かに実習を終えるようにしましょう。

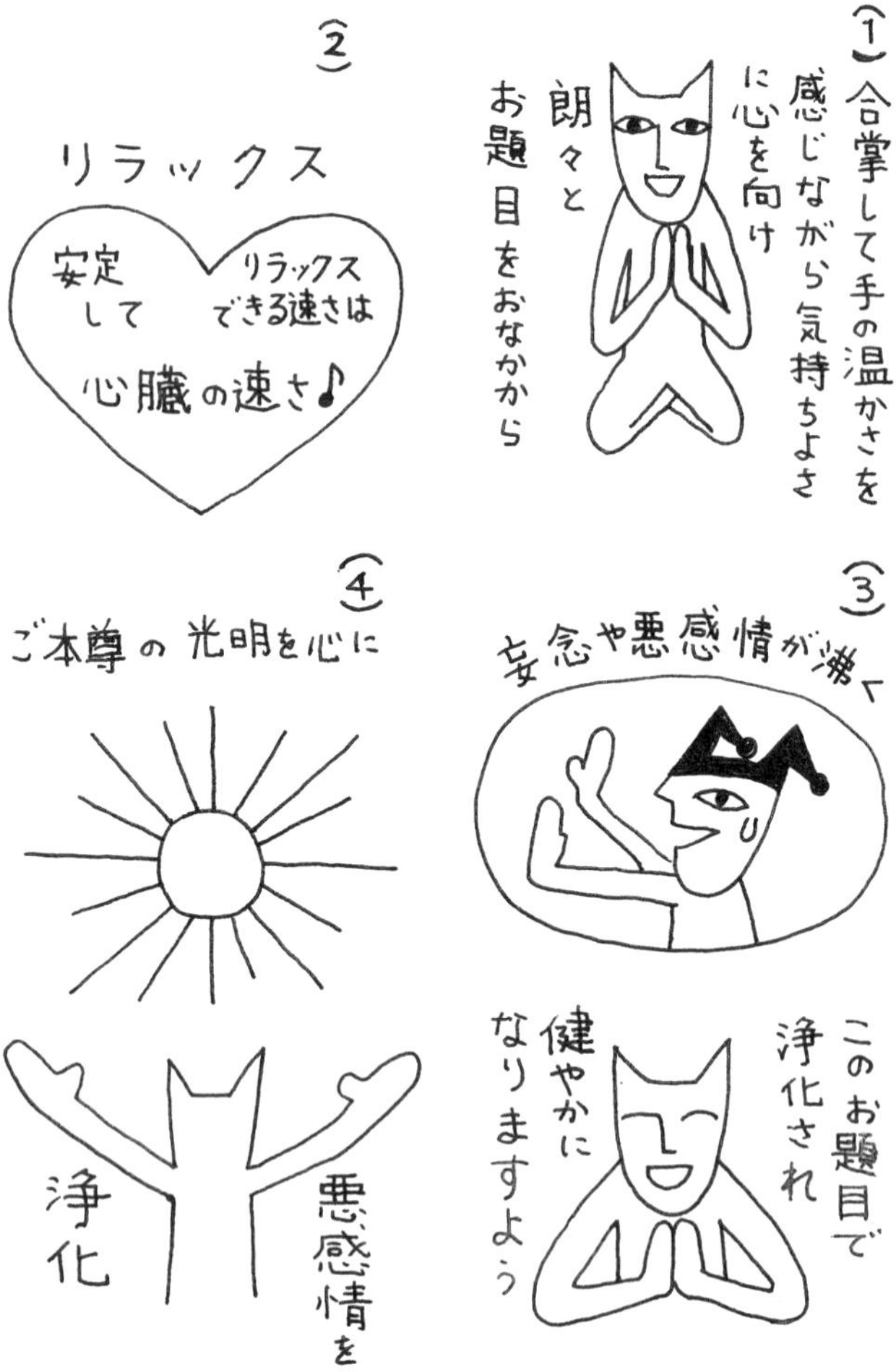
①
合掌して手の温かさを
感じながら気持ちよさ
に心を向け
朗々と
お題目をおなかから
②
リラックス
安定して
リラックスできる速さは
心臓の速さ♪
③
妄念や悪感情が沸く
このお題目で
浄化され
健やかに
なりますよう
④
ご本尊の光明を心に
悪感情を
浄化

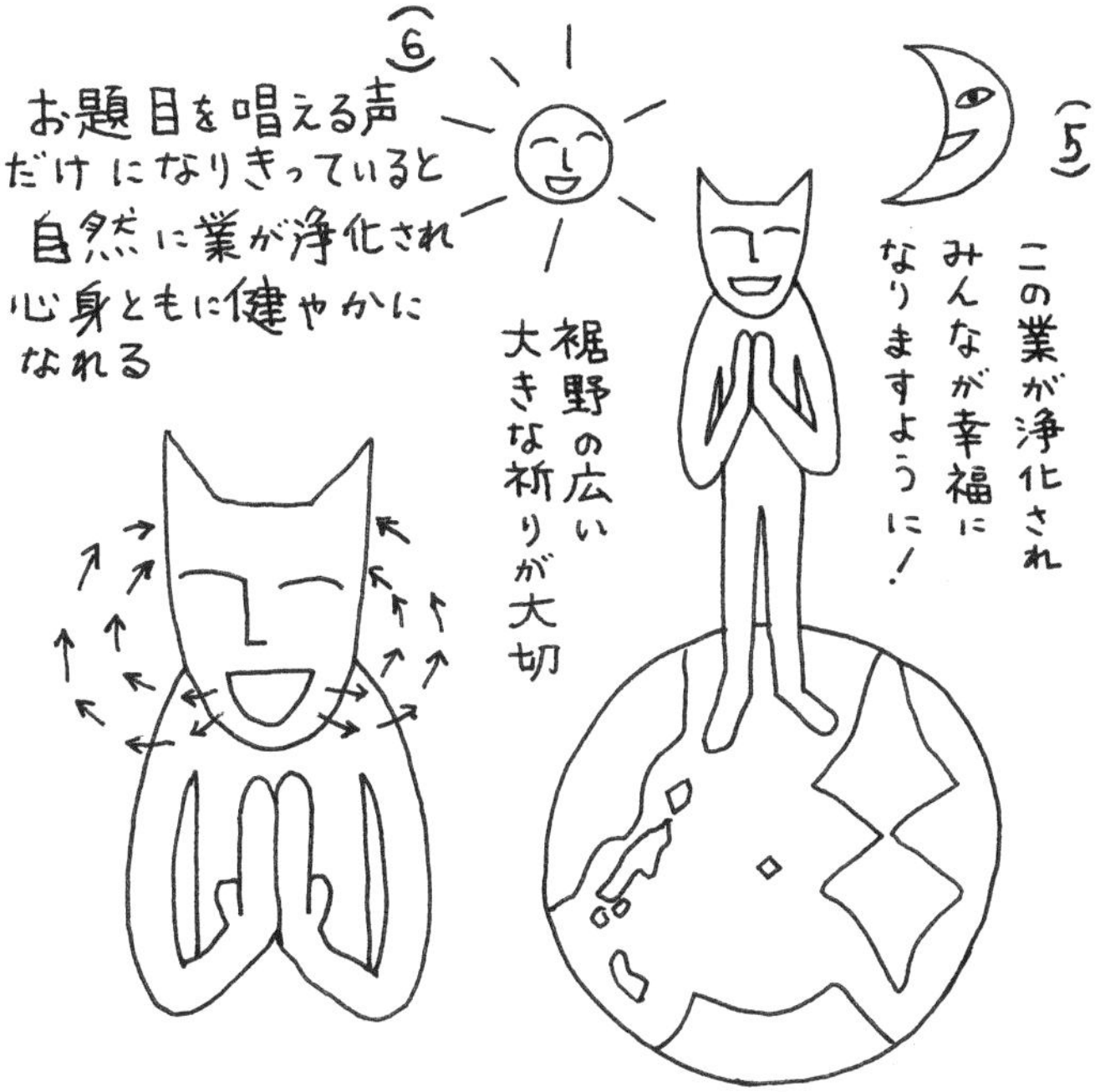
⑥
お題目を唱える声
だけになりきっていると
自然に業が浄化され
心身ともに健やかに
なれる
裾野の広い
大きな祈りが大切
⑤
この業が浄化され
みんなが幸福に
なりますように！

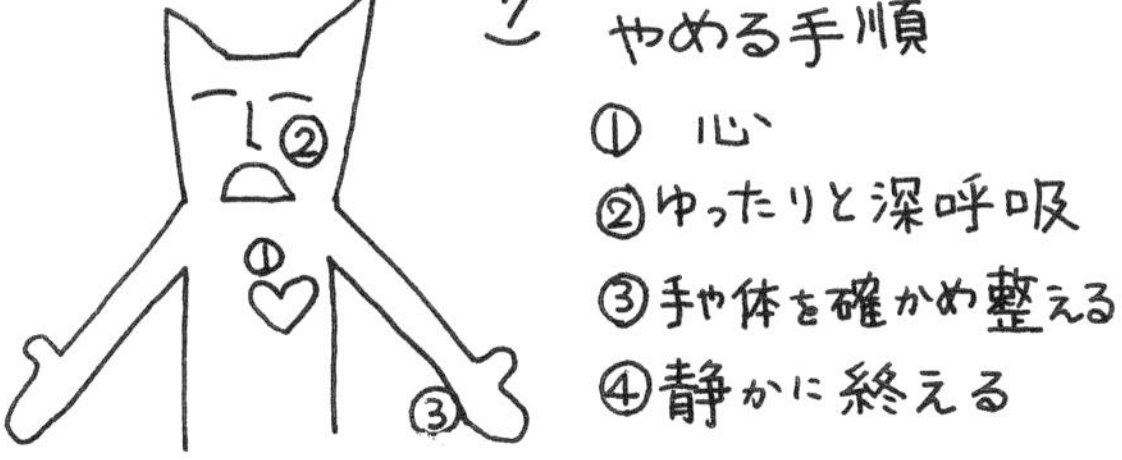
⑦ やめる手順
① 心
②ゆったりと深呼吸
③手や体を確かめ整える
④静かに終える

## リラックスは食事から

信仰による治病は迷信でなく科学

またこの訓練には、食事にも注意が必要なのです。仏教というと、「心頭《しんとう》を滅却《めっきゃく》すれば火もまた涼し」などと言われるように、なにか精神主義的に思われがちですが、仏教の指導はとっても生理学的で、心と身体が緊張する食事の方法を禁止しています。

そのワースト1は食べ過ぎ、ワースト2は肉類の多食、ワースト3は激辛食品です。肉食を中心とした激辛ブームと大食い、美食など、現代日本人の食生活は、まさにワーストのオンパレードといえます。生活の基本となる食生活からして、心と身体の緊張が生まれやすくなっているのです。

リラックスできる食事の方法はその逆で、玄米（玄米粥《がゆ》）を中心に、腹六、七分の少食で、菜食流儀が前提になります。

## 身体を無視する現代宗教

実際には、肉体だけの人間や、心だけの人間などは存在するはずがありません。心と身体が表裏一体となってはじめて生身の人間です。宗教は本来、生身の人間のためのものでしたから、心と身体を共に扱うのは当然です。

しかし、宗教はいつのころからか、あまりにも心ばかりを強調し精神論的になって、身体をどこかに忘れ去ってしまいました。それで、私が信仰と食事についてお話ししたりすると、なにかミスマッチのように感じられるのでしょう。

事実、どんなに霊験あらたかなお上人《しょうにん》であっても、霊感や霊能といった精神主義といいますか、観念主義におちいり、食生活を無視した結果、成人病の後遺症で悩んでいる方を、私はたくさん知っています。

ですから、どんなに一生懸命、先祖代々の諸精霊を供養していても、精神や心を支える身体の情報を無視していては、健やかな人生を獲得することができません。

私たちの精神とか心というものは、身体の快・不快といった情報に左右されている現実があります。専門的には心身相関です。悲しいときには食欲がなく、怒っているときには心臓がドキドキするなどのとおりです。

## 日蓮聖人の癒しの事実

以上、ごく簡単に信仰による病気の治し方についてご紹介しました。「病気のもとは心の中に隠れている《緊張感》であり、その病気を治す早道は信仰によって緊張を克服してリラックスすることだ」とお話ししますと、「そんなことで病気が治るものか！」と疑念を抱かれる方もあるかと思います。

しかしながら、信仰によって癌《がん》などの難病ですら自然に治癒した事実も医学的に報告されている現在、人間の心にはいまだに秘められたままの、計り知れない癒しの力があることもわかってきています。

日蓮聖人（1222〜82）は、58才のときに『可延定業書《かえんじょうごうしょ》』をしたため、ご自身が信仰によって母親の寿命を4か年も延ばした事実を伝えています。

病気がちであった母親を見舞いに、現在の千葉県鴨川市小湊《こみなと》に帰郷されたとき、母親は危篤状態であったといいます。

日蓮聖人はさっそく『法華経』の要文の中から病気平癒の文字を半紙にしたため、祈願ののちにそれを焼いて護符を作りました。母親は、その護符を丑寅《うしとら》（北東の鬼門）の方位にある井戸から汲んだ水で服用したところ、病が癒えたというのです。

「されば悲母《ひぼ》をいのりて候《そうらい》しかば現身《げんしん》に病《やまい》をいやすのみならず四箇年《よんかねん》の寿命《じゅみょう》をのべたり」

と、祈りによって母親の身体的な病が癒された事実を伝えています。

やがて、このような信仰による癒しが、迷信ではなく経験科学としての医学レベルで解明され、宗教的な癒しの意義が再評価される日も、そう遠くはないでしょう。

# あとがき

## 師匠の生き方

これまで信行のあり方を解説してきましたが、最後に長年にわたって信行生活を実践してこられた私の師匠の現在についてお話ししましょう。

今春、白寿の祝いを迎えられた席上で「100才近くになられて、どういうお気持ちですか」と伺いました。すると「気持ちは30才代だが、自分の身体を見ると、やっぱり100才の老人だね」と、飄々《ひょうひょう》と語られました。

それから信仰の話になると、「現代人は不幸だね。ボクたちが若いころは、『そういうことをすると罰《ばち》が当たる』とか、『そんな悪いことをすると地獄に堕ちるよ』と僧侶が言えば、ほとんどの人は、その場では『そんなことあるもんか』と嘯《うそぶ》いても、内心ではその言葉を恐れていたものだ。だが現代人は、そんなことおかまいなしだからね」と言います。

100才近くまで元気で生きてこられた師匠の目には、現代人がなんとも不幸に映っているようです。いま師匠は元気と言いましたが、じつは若いころは蒲柳《ほりゅう》で、それこそ戦前は徴兵検査で丙種合格で徴兵されず、立正大学の大学院まで進学しても、結核を患って帰郷せざるをえませんでした。戦後になっても、それこそ病み上がりのまま代用教員として徴用され、物資の少ないころでしたから畑仕事などに困《こう》じて病気が再発し、数年ものあいだ入院生活を余儀なくされました。

しかも、入院していても特効薬があるわけでもなく、ただ治ることを信じて、その日その日を過ごすだけだったというのです。そのころの結核は、現代でいえば癌《がん》などの不治の病と同様で、なんらなす術《すべ》がなかったのです。医学的にはなす術がなく、絶対安静が唯一の薬でした。医師にそう告げられ、師匠は「死にたくない！」と思ったそうです。

そして、このまま死を待つのであれば、なにか積極的にできることはないかと、思いをめぐらしたときに、「自分は僧侶なのだから、ひとつ一生懸命、信仰にすがろう」と気づきました。そう気づいてみると、仏教は「生老病死の四苦」を解決するための宗教だったと、きわめてあたりまえのことが納得できたといいます。仏教の教えが腑に落ちたとでもいうのでしょう。仏教の有名な言葉に「三界牢棺《さんがいろうかん》」というのがあります。この世は死ぬまで出所できない監獄だという意味で、それまで言葉としては知っていましたが、そのときに「うーん、なるほど、われわれは無期懲役、終身刑なのだ」と納得できたのだそうです。

知識として知ってはいても、私のこの気持ちが認めないことは、単純に知識的で空事《そらごと》だということです。仏教では知識欲も煩悩として扱うのはこのためです。そこで、積極的に信仰にすがろうとするのですが、いったい何に、どうすがるか、そこでまた思い悩んだといいます。

しかし、博識の師匠は『天台小止観《てんだいしょうしかん》』という書籍を思い出しました。この書物は、中国の天台大師（538～597）が、自身の兄が余命いくばくもないと聞いてしたためた心身のコントロール法です。それは修行指南の専門書『摩訶止観《まかしかん》（大止観）』を簡単にアレンジしたもので、在家のお兄さんが読んでも理解できるように、きわめて簡略化して書かれていました。

師匠はそれをむさぼるように、くり返し読み、「病気になったとき、もっとも大切なことは、死を恐れあまりジタバタしないこと」に気づいたといいます。止観《しかん》という言葉は「心の動きを止めて、じっと心中を観《み》る」という意味で、まさに止観することで、ジタバタ、ジタバタする心をコントロールして静かにさせる方法でした。

解説に従えば、以下のようになります。

まずゆったりと横になって、全身の力を抜いて身体の重さを感じてみる。そこで1息ついて、その息をゆっくりと長く吐ききる。そして、さらに1息2息とゆっくり吸って長く吐くことをくり返す。つづいて、ゆっくりと姿勢を改め、ゆったりと座る。さらに毛布などで足腰をくるんで座を温め、その足腰の温かさ、心地よさに意識を置いて、やはり1息2息とゆっくり吸って長く吐きながら、身体がゆるみ、心がゆるむのを待っている。すると、その効用はすぐにあらわれる。10呼吸、20呼吸、30呼吸も数えたころ、あなたの手足は温かくなり、身体の重量感すら心地よく感じられてくる。

それは身体がゆるみ、心がゆるんだ証拠で、その時にあなたは死の恐ろしさはもちろんのこと、生死の病の恐ろしさも克服できている。

（『天台小止観』主旨意訳）

師匠の、自分自身の不治の病という恐怖、死にたくないという恐怖、頭の中にこびりついた恐怖は、どうあがいてみても取り去れません。人の心と身体の反応は大変に微妙だからです。不安が支配すると、まず心臓のリズムが変調します。その変調は、私たちがちょっとした緊張で冷や汗をかいたりするように、体内の内気の変調となって、身体から心へ、心から身体へと、悪循環の連鎖がおそいかかり、悪循環は増悪《ぞうあく》を始めます。

師匠は『天台小止観』の指示に従って、やはり1息2息とゆっくり吸って長く吐きながら、身体がゆるみ、心がゆるむのを待ちました。10呼吸、20呼吸、……50呼吸を数えたでしょうか。手足は温かくなり、身体の重量感すら心地よく感じられたとき、不治の病の恐怖、死の恐怖をしっかりと認められている自分に気づいたそうです。

その日以降、その病は薄皮をはぐように、日によって一進一退はあったものの、なんとか退院してお寺に戻ることができました。それ以来、心と身体のコントロール法を毎日つづけ、もう60年以上の歳月が流れています。

現代人の不幸は、知っていることと、具体的にできることの区別ができないことにあります。知識的な事実と、現実の自分の区別のことです。「来世はあるか?」と聞けば、現代人は「そんなものはない」と言う。なぜなら、学校でそれは迷信だと教わったからです。しかし、不治の病から生還した師匠は、「来世が迷信でも良いではないですか。来世があれば、この現世は生きやすい。肉体は死んでも魂は生まれ変わり、この世で別れた親や友人にも、また会うことができますから」と、微笑をうかべて言いました。

「そしてもっと良いことは、勝ち負けにこだわらなくていい社会になります。この世が一回生で終わりだと思うから、なんとしても勝ち組になろうとします。どんなことをしても勝てばいい、そんな生き方だけが横行します。輪廻《りんね》転生《てんしょう》して第2ラウンドが始まるのであれば、だれも勝ち負けだけにこだわることはなくなる」と言います。

師匠は、いまでも毎朝、ひとり静かに坐り、10回、20回、……50回と呼吸を数え、手足は温かくなり、身体の重量感が心地よく感じられると、お経を読み、お題目を唱えはじめます。まさに「祈りで病気が治る」の解説そのものを実践しておられます。

## 病気治しを科学で評価する

「祈りで病気が治る」の章で詳しく解説しましたが、修行法の要は、①〈道徳的訓練〉のテクニック、②〈身体的訓練〉浄心行のテクニック、③〈精神的訓練〉正唱行のテクニックの3つにあり、古典的には「調身《ちょうしん》・調息《ちょうそく》・調心《じょうしん》の三事」と呼ばれる作法のことです。

そして、この3つの中で要となるのが「調息」の取り方です。まさに「師匠は『天台小止観』の指示に従って、やはり1息2息とゆっくり吸って長く吐きながら、身体がゆるみ、心がゆるむのを待ちました。10呼吸、20呼吸、……50呼吸を数えたでしょうか。手足は温かくなり、身体の重量感すら心地よく感じられたとき、不治の病の恐怖、死の恐怖をしっかりと認められている自分に気づいた」という事例のとおりです。

このように身体の動きや呼吸に意識を集中（調身・調息）して、心が抱いている不安感、緊張感をコントロール（調心）する方法は、医学的には認知行動療法や自立性療法と呼ばれ、心理療法の世界で応用されています。迷信のように思われている仏教の修行法、三事のテクニックは、医学のなかに心理療法のテクニックとして生きているのです。

天台大師は、次のような事例を上げています。

もしあなたが泌尿器系の病気で尿の出が悪かったり、また排尿困難で痛むときには、臍《へそ》の下2寸半の所の丹田《たんでん》に意識を集中しながら、そのところが温かくなり病気が回復するような健康的なイメージを心に描いて、ゆったりと下腹で呼吸していると自然に治ってしまう。
（『摩訶止観』第7章第3節「観病患境」主旨意訳）

このような修行法は現代の心理療法そのもので、この心による身体の病気の治癒のメカニズムは「精神（神経）免疫学」という新しい医学の分野で解明が進んでいます。師匠の病気が治った理由も、こういうところから説明ができるのです。精神免疫学からの事例を上げてみましょう。

初めはアメリカです。

悪性リンパ肉腫の末期患者として入院していたライト氏は、自らの余生があと数週間であることを知っていた。こうした状況にもかかわらず、ライト氏は希望を捨てなかった。やがて彼はガンの新薬クレビオツェンが彼の入院している病院で試されることを知った。しかし、この新薬の実験台になれる患者は、少なくとも3か月以上、できれば4か月の生存の見込みのある患者に限定されていた。

それにもかかわらずライト氏が熱心に頼むために、主治医たちは金曜日に1度だけその新薬を投与することにした。その週の月曜までに彼は死ぬだろうから、新薬クレビオツェンは他の患者にまわせると考えていたからだった。

ところが3日後、医師が診察にまわると彼はめざましく回復していた。あちらこちらに転移していたオレンジ大の腫瘍が、なんともとの大きさの2分の1以下になっていた。

そこで医師たちが新薬の投与を週に3回行なうようになると、ライト氏は10日も経たないうちに死の床を離れた。1か月ほどの短期間で彼の悪性リンパ肉腫は実際に消え去った。

しかし、それから2か月も経たないうちに、新薬クレビオツェンを試した多くの病院で、何の成果も見られないという悲惨な報告が出始めた。そして、ライト氏がこの報告によって動揺して自信をなくすと、彼の健康状態は悪化しはじめた。結局、2か月だけ完全な健康状態を保ったあと、もとの末期状態へと逆戻りしてしまった。

そこで主治医たちは、ライト氏に1つの暗示を与えた。前回投与した新薬は輸送中に成分が変化していたこと、そして、今回は前回より高品質で2倍も強力な新薬であると。

この主治医の話は、ライト氏にとって大きな救いとなり、新たな新薬（実際にはたんなる生理食塩水だった）を投与すると、信じられないことが起こった。彼はわずか数日間で死の淵から回復し、2か月以上のあいだ完全に健康を維持していたのである。

しかしこのとき、新薬クレビオツェンに関するアメリカ医師会の最終報告が新聞に載った――「全国的実験の結果、クレビオツェンはガン治療には効果なしと断定」と。

この記事が載ってから3日ほどすると、ライト氏は最悪の状態で再入院し、2日ともたずに息を引き取ったという。（1987年、スチィーヴン・E・ロックほか）

これは実際にはガンに効果のない薬であるのに、それがたんなる生理食塩水であっても、ガン患者がそれは特効薬であるという信念（調心）によって数か月間は完全に治り（擬似薬効果）、次にガンが治ってガン細胞が存在しないにもかかわらず、薬に効果なしという報告で特効薬の信念が消えたとき（調心の乱れ）にガンが再発して（擬似薬効果の喪失）亡くなってしまいました。心理療法で身体の病気が治るという事実、調心が医科学的なレベルで検証された事例の1つです。

次に、日本の事例を上げましょう。

主婦Aさん（33才）は1992年12月の時点で、末期の肺ガン（0から4までの進行度ステージで4）と診断された。ガンは広く転移、手術は無理で余命半年とみられていた。

翌1993年より化学療法に加えて心理療法を実施したが、3月中ごろより抗ガン剤の副作用がひどくなったため薬の投与を止め、仏教の瞑想法とも関係の深いシュルツの自律訓練法という心理療法一本に切り替え、Aさん自身がリラックスした状態を維持できるように指導を続けた。

この過程で、ガンの進行度をみる腫瘍マーカーの検査値は増えるどころか、減少傾向を示し、同9月には退院し1年以上たっている現在（1994年11月）自宅で療養し、2か月に1度通院してカウンセリングを受けているだけだという。

（1994年第17回日本自律訓練法学会、川村則行ほか）


この事例は先の「ガン患者がそれは特効薬であるという信念（調心）」による擬似薬効果とは異なり、仏教の瞑想法と近い関係にある自律訓練法によって免疫力が高まり、Aさんはガン細胞から護られたといえます。

Aさんはその成育過程から無意識のうちに周囲にたいして緊張感を抱く癖が身についており、この緊張によって身体の中でAさんをガン細胞から護る免疫力が弱められてしまったため、不幸にも発ガンし抗ガン剤も効かない状態へと陥ってしまいました。そして、その緊張した状態を自律訓練法の実習によって解消し、リラックスした状態を維持することで免疫力を回復させて、末期のガンに打ち勝ったという事例です。これもまさに心理療法で身体の病気が治るという事実、調心が医学的なレベルで検証された事例です。

最後に「調身・調息・調心の三事」の作法について、合理的に整理しておきたいと思います。心理療法の世界では、多くの病気の原因を心身症的な要因として考えます。心身症とはその言葉からもわかるように、身体的な情報（情動）が意識できずに、心と身体が分離することに起因する病気と考えます。

私たちは1個の人間ですが、「自然の子」としての自分と「社会の子」としての自分が生きています。二日酔いで寝ていたいと「自然の子」が言っても、「社会の子」は遅刻すると出世にひびくと尻を叩きます。きわめて日常的な心理ドラマですが、これが心身症の始まりです。身体は休みたいが、仕事に行かなければという思いが高まると、そのストレスは血糖値を上昇させます。これが糖尿病の始まりです。

この状態を神経生理学では、自律神経系のバランスが乱れるからと説明します。とくにストレスによって交感神経系が優位になり、それによって免疫系のホルモンバランスまでもが乱れ、人間の身体が環境への適応や生命維持のために営む体温や体液の生理的範囲を常に保つようなホメオスタシス（Homeostasis　自己調整能力）が崩されてしまうからだといいます。

そして、このような心身症の状態にあるとき、三事の作法を実習すると分離した心と身体が統合され、失われていた身体性が取り戻されることで病気が治ると理解します。「調身・調息」という身体的要素である発声や呼吸へと自分自身の意識を注意集中することで、身体性を意識化し分離した心と身体の統合、調心が行なわれているのです。

身体の動き、発声、呼吸へと自分自身の意識を注意集中することで、筋緊張の弛緩、呼吸の調整などの末梢のセルフコントロールをする。それによって脳幹網様体・視床下部賦活系に至る求心性の刺激が適度にコントロールされ、視床下部では交感、副交感の両自律神経系のバランスを促し、新皮質への交感性の賦活を減少させ、皮質下（脳幹）の副交感性（Trophotropic　エネルギー補充的）の反応を活発化させているのです。さらに副交感性の反応が活発化されれば、自律的変意識状態（Altered State of Consciousness）が誘導され、より有効に大脳皮質と皮質下（視床、視床下部）との機能的な再調整が行なわれ、心身症などが改善されるのです。

（W・Luthe、F・Gellhorn、池見酉次郎）

## 謝辞

本書を刊行するにあたり、たいへん多くの方々にご指導いただいたことを記しておきたいと思います。

本書の中心課題となっている日蓮宗の信行実践は、東京杉並の堀之内妙法寺での4年間の随身《ずいしん》生活で身につけたものです。大学院生活で頭でっかちだった学生が、学問を捨てて仏門への門出となった時期です。

いまからふり返れば、お経のおの字も知らなかった私が、現在、日蓮門下の伝統行堂である遠壽院《おんじゅいん》大荒行堂の副伝師職を勤められるのは、妙法寺で伝統的な僧侶の習いを修めたからに他なりません。

さらに本書の核心となる修行論の『天台小止観』との出会いは、わが師前馬教雄上人（日蓮宗釈迦寺前住職）の薫陶《くんとう》によります。先に記したように、師は若い時分に肺結核を病み、止観の瞑想によって病苦を克服したほどの実践者で、師との出会いがなければこの私も存在しません。

最後になりましたが、本書は多くの方に支えられて出版されました。この出版を快くお引き受けくださった国書刊行会佐藤今朝夫社長、また私のつたない文章の校正を担当しご尽力くださった編集部の畑中茂氏、さらに友人の山ロマオさんのイラスト・装幀によって、本書は親しみやすいものになりました。深く感謝し御礼申し上げます。

影山　教俊

## 独習用CDについて

本書付属の独習用CDには、基本的なリラクゼーションから祈りへという、実際の指導が収録されています。本編では祈りの理論と技術を解説しましたが、それだけでは観念的で理解できません。本来、宗教的な祈りの実際は、師から弟子への具体的な、技術的な指導によって行なわれるものです。

このCDには、言葉によるリラクゼーションの指導と、お題目を唱える実際が収録されています。指導に従って実習されれば、祈りの伝統的な技術が身に付き、深いリラクゼーションを体験できます。収録は四百有余年の歴史を誇る日蓮宗遠壽院大荒行堂で寒中の加行中に行なったもので、堂内の深閑とした雰囲気を感じながら実習してください。

**著者紹介**

**影山 教俊**（かげやま　きょうしゅん）

1951年　東京生まれ

1976年　立正大学仏教学部仏教学科卒業

1979年　立正大学大学院文学部修士課程仏教学専攻科修了

1994年　南カリフォルニア大学大学院日本校博士課程人間行動学科修了

同　年　博士論文「『天台小止観』の心理学的、生理学的研究」にて米国カリフォルニア州公認カリフォルニア大学学位「人間行動科学博士（Ph.D.）」授与

1997年　日蓮門下祈禱根本道場遠壽院大荒行堂第五行成満

現　在　日蓮門下祈禱根本道場遠壽院大荒行堂副伝師・日蓮宗嗣学・日蓮宗現代宗教研究所顧問・日蓮宗教誨師・社会福祉法人立正福祉会「すこやか家庭児童相談室」室長・仏教瞑想道場主幹・本山《もとやま》人間科学大学院講師（瞑想心理学）

著　書　『日蓮宗とは何か　日蓮宗加行所をめぐる戦後60年の光と影』
『仏教の身体技法　止観と心理療法、仏教医学』
『寺と仏教の大改革』（共に国書刊行会）

現住所　千葉県鴨川市貝渚2929　釈迦寺　〒296-0004
URL: http://homepage2.nifty.com/muni/
E-mail: gef02653@nifty.ne.jp

祈《いの》りで病気《びょうき》が治《なお》る　ISBN978-4-336-05180-6

平成22年2月15日　初版第1刷発行

著　者　影　山　教　俊

発行者　佐　藤　今　朝　夫

〒174-0056 東京都板橋区志村1-13-15

発行所　株式会社　国　書　刊　行　会

電話 03(5970)7421　FAX 03(5970)7427

E-mail: info@kokusho.co.jp　URL: http://www.kokusho.co.jp

落丁本・乱丁本はお取替えいたします。　印刷 モリモト印刷㈱　製本 ㈾村上製本所

# 仏教の身体技法

## 止観と心理療法、仏教医学

影山教俊著　仏教の教えに身体性をもたせ、真に仏教を体得するための書。近代化のなかで日本人が失った伝統的な感性の文化を取り戻すにはどうすればよいかを、天台止観を科学的に見直し提言する。ISBN978-4-336-04838-7 C3015

四六判・上製カバー装・300頁――――定価：本体３０００円＋税

# 日蓮宗とは何か

## 日蓮宗加行所をめぐる戦後60年の光と影

影山教俊著　日蓮宗はいかにして成り立っているか、伝承ごとの正統性はいずこにあるか、遠壽院行堂と日蓮宗加行所をめぐる問題を《歴史の三つの分岐点》から追究し解明する衝撃の書。カラー口絵６頁。ISBN978-4-336-04735-9 C3015

四六判・上製カバー装・242頁――――定価：本体２８００円＋税

# 寺と仏教の大改革

影山教俊著　明治以降、仏教がその本質を失った歴史的経緯を明かし、いま真の宗教性を取り戻し蘇るために実践的な大改革が必要。そのためには葬儀法要にたいする住職の心得と役割、養生医療など伝統的な寺院仏教の機能回復が必要と説く。ISBN978-4-336-05150-9 C0015

四六判・上製カバー装・182頁――――定価：本体１８００円＋税

## こころは原子爆弾　その巨大なパワーを有効に使う方法

A・スマナサーラ著　「こころ」がいかに危険なものかを説き、その「こころ」を制御するためのヴィパッサナー瞑想の心がまえ、理論的背景、実践上の具体的な注意を指導する。死の観察・仏教の「無価値」論・感覚について。

四六判・上製カバー装・201頁　ISBN978-4-336-05149-3 C0015　定価：本体1500円＋税

## ライバルのいない世界　ブッダの実践方法

A・スマナサーラ著　お釈迦さまの説いた、客観的で具体的にこころを育てる「実践方法」をイラスト入りで紹介する。だれでも、いつでも、簡単にできる、ヴィパッサナー・レッスン。スマナサーラ長老の悩みをなくす7つの玉手箱①

四六判・並製カバー装・104頁　ISBN978-4-336-05076-2 C0015　定価：本体950円＋税

## 寺からの手紙　元気をもらう98章

影山妙慧著　在家から寺に嫁いで二十余年、家族一同、日常茶飯のなかに仏教徒らしい在り方を求めて奮闘する。そこには、一般の人びとがゆったりし、楽しくなれるヒントがいっぱい！　寺からの贈り物。10月刊　ISBN978-4-336-05151-6 C0015

四六判・並製カバー装・190頁　定価：本体1600円＋税